中國典籍日本注釋叢書

五經卷

5

毛詩考／上

［日］林羅山　等撰

張培華　編

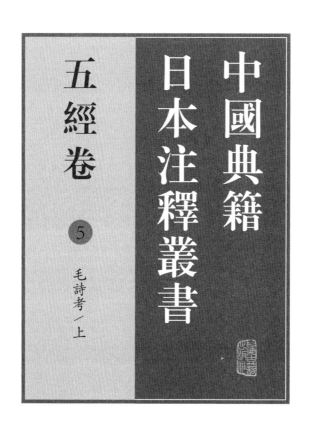

目録

毛詩考（上）

［日］龜井昭陽　撰

毛詩考（上）

［日］龜井昭陽　撰

毛詩考卷一

三家説不合古書漢儒未知毛詩其説皆出自三家故漢人著作中論詩者大易惑人可戒

國風

周南第一

關雎后妃之德也（樂得淑女以配君子）風之始也（風化本於閨門）曰德曰本曰志所以示三篇一貫也所以風天下而正夫婦也（周公制作禮樂其用之如此故稱天下）故用之鄉人焉（如鄉飲鄉射）用之邦國焉（如燕禮是也周礼謂諸侯爲邦）

國此亦一例主王室爲辭

右釋關雎之用葛覃卷耳亦包焉

風風也序卦多例教也風以動之教以化之

右釋國風之風　釋又下出故簡

詩者志之所之也詩之言志也在心爲志發言爲詩言者篇章也情動於中而形於言言首凡言也此自凡人情說起言之不足故嗟歎之嗟歎之不足故永歌之永歌言作詩永歌之不足不知手之舞之足之蹈之樂舞於是作

右釋詩

情發於聲（声永歌也）聲成文謂之音（五声雜比以成文采節族）治世之音安以樂其政和（政和故人情安樂而声音從之）亂世之音怨以怒其政乖（乖和之叉）亡國之音哀以思（思言鬱陶不開爽）其民困（三者非声成文則不著可見變風亦正音也）故正得失（聽其音而知其政）動天地感鬼神莫近於詩（詩出於人情之誠故自然感物）

右釋音

先王以是經夫婦成孝敬（舊説以二句當二南雅頌亦善）厚人倫（如夫婦臣子之倫）美教化（如行必因本）移風俗（正声感人而邪慝自化）故詩有六義焉（詩之用至大故義亦有多端）一曰風（國風也然雅亦有風動教

化之道二曰賦直陳其事也三曰比以彼喻是也左傳萬藹猶能庇其本根故君子以爲比四曰興以彼起是也子曰關雎興於鳥鹿鳴興於獸五曰雅正声也然風亦正声特以天下與一國分之六曰頌歌於廟主鬼神者上以風化下五義所歸在風故此節主風說之下以風刺上先王使公卿列士獻詩以自監也此非專爲變風言之主文而譎諫婉而成章節奏可樂文也言之者無罪詩可以怨是也聞之者足以戒故曰風此節於變風大有發明

右釋詩之用

至于王道衰禮義廢政教失即經成厚美之反國異政家殊俗各自成風俗而不一統也而變風變雅作矣政異俗殊而風雅亦變

國史明乎得失之迹（史掌前志審知國俗傷敗之所由者也）傷人倫之廢，哀刑政之苛（此二句相比上句有助字宜細繹之），吟詠情性以風其上（永歌萬民之情性以刺君上也），達於事變而懷其舊俗者也（美國史以示變風之所以興聖製並立也舊俗即先王之本俗也）。故變風（省變雅也）（國史以下主變風論之訕上者）發乎情，止乎禮義（淫亂怨怒民情之摸寫也然非下流）。發乎情，民之性也（吟詠民之情性故至有桑中溱洧）；止乎禮義，先王之澤也（懷舊俗而格君心變風亦皆先王遺澤中物也故並二南而無愧）。

右釋變風變雅

是以一國之事，繫一人之本，謂之風（古義之要在玆一國之美慝必繫之其君者是風也言天下之事形四方之風謂之雅王國曰雅侯國曰風然繫一人之本則一也所謂君子之德風也雅者正也正歌正樂正音之正言王政之所由廢興也轉而釋之如序卦之例政有小大序每篇亦是義故有小雅焉有大雅焉厲王無小雅幽王無大雅亦以是也頌者美盛德之形容頌之言容也以其成功告於神明者也神明兼內祭外祭此頌之本體其實不啻是已是謂四始四者古名之曰四始詩之言始也舜曰詩言志子曰興於詩又周札大司樂所教詩之爲教化之始大可見矣詩之至也此詩之所以爲至教也

右釋四始之別

然則因風繫一人用是助語關雎麟趾之化王者之風文王西伯其詩是風然周室既建則文王王者也不得有風故繫之周公周公贊化於內召公宣治於外此二南所以分繫也南言化自北而南也鈞是南國也因內外以分周召所掌而繫之鵲巢騶虞之德諸侯之風也皆是全詠諸國之事也先王之所以教故繫之召公然文王教化之所致也則不可專繫之諸國故因召公統諸侯名曰召南周南召南正始之道王化之基刑于寡妻正其始也季札曰始基之矣

右釋周南召南

是以關雎樂得淑女以配君子后妃樂內助多人也憂在進

賢不淫其色憂云哀云發三章之義也○淫色男子之事此卻言專房樊姬所謂檀王之寵是也哀窈窕思賢才憐其美容而慕中德之良也內助非有才則不能而無傷善之心焉無忌害其淑善之心是關雎之義也此節資於論語以說詩義猶樂記資於易大傳以說禮樂論語言音此言其義故以此句結之也

右釋關雎之義

關關雎鳩在河之洲關關雌雄声和也在洲而不匹處窈窕淑女君子好逑窈幽窕閒高貴態度也淑女后妃所求也好逑猶善配此自后妃之辭興也以雎鳩之和而有別興淑女之可配君子也

子曰關雎興于鳥而君子美之取其雌雄之有別

凡興體宜因斯語繹之

參差荇菜左右流之
興也荇菜亦水物此詩之貫也取其潔白登廟爾雅流求也沿流左右而求之也

窈窕淑女寤寐求之
以荇菜流之左右興淑女求之寤寐

求之不得寤寐思服
服言常著之於心也

悠哉悠哉輾轉反側
悠悠思服不已也臥而不周曰輾輾轢也此章之辭不與上下同以極其哀窈窕之意

參差荇菜左右采之
興也既得而采之

窈窕淑女琴瑟友之
荇菜則既求而得之我得淑女其將鼓琴瑟友之

參差荇菜左右芼之
興也爾雅芼搴也拔取之意故傳曰擇少儀爲君子擇蔥薤此言既采而擇之○芼義之說於左右不切

窈窕淑女鐘鼓樂之
鐘鼓盛於琴瑟

關雎五章章四句爲三章者誤也詩無一章而再興兩兩相比者

葛覃后妃之本也詠其德性而反其未嫁故曰本后妃在父母家因葛之萋萋先於黃鳥于飛則志在於女功之事躬儉節用服澣濯之衣序與經交錯成辭者既嫁而澣濯則在室而澣濯亦可知尊敬師傅既嫁而有礼於師氏也則可以歸安父母安釋寧也春秋從祀先公左傳順祀先公一例也化天下以婦道也二則字可玩父母與師傅對女功與婦道對

葛之覃兮施于中谷維葉萋萋賦也萋萋新芽貞多例后妃將有事於葛當其未成遠步中谷而視其榮瘁葛方蔓矣后妃則喜○新芽時而往寫其志在女功也黃鳥于飛集于灌木其鳴喈喈比也黃鳥比后妃灌木比文王此咏中谷之物

象以比后妃之當其君子也○以爲賦者誤也詩無一章而獨叙其景象者

葛之覃兮施于中谷維葉莫莫旱麓傳莫莫施貌案此與萋萋對則葉既盛而成就也是刈是濩爲絺爲綌服之無斁既斬之而煑之精而爲絺麄而爲綌微物不棄可謂能勤矣裁而爲衣服葛不厭可謂能儉矣

言告師氏言告言歸言語辭也告告師氏也告君子在其中歸者寧父母也薄汙我私薄澣我衣去汙曰汙私燕服衣私之反害澣害否歸寧父母何衣澣之何衣未澣而可我將服以寧父母矣此寫其自黜檢衣物之狀

葛覃三章章六句

卷耳后妃之志也詠其中心所存故曰志又當輔佐君子又當

云者受上二篇也而三篇如一者亦見周家徽音自大姜大任皆有内助后妃不可無此志當字宜精繹之

求賢審官求賢懷人也審官周行也審者言官當其人**知臣下之勤勞**下二章以下是也**内有進賢之志而無險詖私謁之心**内中心也姦佞可畏曰險詖**朝夕思念**發明首章之義**至於憂勤也**勤苦也婦人無外事曰内曰志曰思念曰憂勤皆所以示是義也至變風其例皆同

采采卷耳不盈頃筐賦也持易盈之器以采易獲之草而不盈也**嗟我懷人寘彼周行**愀然而疑喟然而悟故曰嗟我周行周之列位也左傳可徵嗟我心不在焉故也君子方疇咨賢才大夫遠役于外我欲周行之寘善人者於心竟不忘頃筐之不盈非心所求也自常日遊戲之中忽生是感所謂朝夕思念

陟彼崔嵬我馬虺隤崔嵬石山戴土也以下序情閔勞之辭我皆使臣自稱也我姑酌彼金罍刻雲雷而黃金飾維以不永懷合下二章是后妃釋頃筐於地佇立而瞻望四山緬然永思意中之綢繆也

陟彼高岡后妃所望蓋非一方西有混夷北有玁狁試為南山大顛南宮适東山虢叔大公望西山閎夭散宜生而觀感之我馬玄黃爾雅玄黃病也猶何草不黃何草不玄我姑酌彼兕觥金罍兕觥詩之美辭也不必說人君罰爵羊有錦衣錦裳維以不永傷永傷不唯永懷也詩之於人體其情則代其口使臣其曰我陟高岡馬病不進我且酌彼兕角以寫旅中永傷耳嗟其勤苦如何哉

陟彼砠矣土山戴石曰砠我馬瘏矣我僕痡矣卒章若景極矣加僕痡而

無酒云何吁矣哀慘痛切之辭也猶曰此何等苦毒哉釋詁盱憂也吁亦通用

文王之時征役方急大夫奔命四方者皆大賢名臣不避險苦死生以之者也后妃見其爲君子先後奔走豈不中心欣悅乎旣悅之能不閔其勞乎旣閔之故欲求賢以分其勞亦有不可已者三章淫液而首章之意躍如也卷耳果不可采出遊不樂薄言還歸是卷耳之義也

卷耳四章章四句

樛木后妃逮下也恩意及嬪御也小星曰惠及下也言能逮下而

無嫉妬之心焉樛木螽斯桃夭相比皆以不妬示其義在房中之樂實親切矣後世王后夫人之龜鏡在茲在是詩論之無嫉妬之心一句樛木葛藟之所比其旨雋永無盡

南有樛木葛藟纍之比也樛木下向比后妃逮下葛藟蟠縈而蔓之比衆妾之親附后妃

樂只君子福履綏之閨門之內和氣津津文王樂胥福祿如雲

南有樛木葛藟荒之荒奄也言荒覆本末頌云遂荒大東

樂只君子福履將之將大也綏者安泰樂易也將者崇高盛大也成者萬品豐備也詩之亭可玩

南有樛木葛藟縈之既纍之又上而弇之遂左右登降以旋之此詩之序也

樂只君子福履成之優游爾休矣綏也爾土宇昄章將也俾爾彌爾性成也

樛木三章章四句

螽斯后妃子孫衆多也大姒有百斯男言若螽斯不妬忌則子孫衆多也后妃若螽斯不妬忌是以子孫衆多也詩之義躍如

螽斯羽詵詵兮興也螽斯不妬忌一母百子詵詵衆多宜爾子孫振振兮宜多子也振振盛多也以螽斯多子興后妃汎愛而有百男

螽斯羽薨薨兮薨薨羣飛也宜爾子孫繩繩兮繩繩不絶也

螽斯羽揖揖兮揖揖會聚也螽斯始化詵詵衆多矣既而其飛也薨薨相羣飛而又集揖揖如也其母不妬忌而多子其子亦不妬忌而相愛宜爾子孫蟄蟄兮蟄蟄和集也振振言其蕃衍繩繩言其生生不已蟄蟄言其和樂以翕后妃之多子而相愛皆不妬忌故也

螽斯三章章四句

桃夭后妃之所致也樛木螽斯之德有以致之也宜姜淫乱以致谷風靜女之俗民風之變有由而然不妬忌則男女以正因宜其室家也公室正則國人從之婚姻以時因桃有華也而二十三十之時包焉國無鰥民也

桃之夭夭灼灼其華比也夭夭比少艾華比容飾夫桃華於中春娶妻入子之時也故詠所見以爲比猶東山之興於倉庚之子于歸宜其室家和於室人而當於夫也女旣正壻亦正故閨門雍熙

桃之夭夭有蕡其實華詠時物實與葉追時敷衍之而已湛露以桐椅之實與君子之令儀則實亦比容華一云比有良子亦通之子于歸宜其家室

桃之夭夭其葉蓁蓁據桑之未落其葉沃若則葉亦比容飾一云比室家溱溱亦通

之子于歸宜其家人是篇唯第二句變其語法耳

樛木后妃綏君子也螽斯后妃蕃子孫也桃夭后妃正國人也三篇亦一貫序皆以不妬忌本之

桃夭三章章四句

兔罝后妃之化也周南唯兔罝爲不關閨門而序繫之后妃猶召南之有羔羊也化如春風吹物后妃之德而及武夫無之使而格者所謂化也關雎之化行則莫不好德女之相忌也后妃則哀窈窕思賢才而至寤寐反側好德如關雎其有不格者乎賢人衆多也江漢陽陽武夫洸洸言三軍之士也此亦以戰陳之勇爲言賢人衆多可以見矣

肅肅兔罝椓之丁丁興也罝所以羂兔張之嚴整而椓声丁然則狡兔不能犯以興武夫為君干城則敵國不敢侵陵

赳赳武夫公侯干城三軍之士好德而悳信以之內收其威外屈其敵能為公侯作干櫓城郭也公侯汎作周之屬國而文王亦包在其中

肅肅兔罝施于中逵興也逵借言兔道

赳赳武夫公侯好仇仇逑同猶羣匹王妃之例言稱君哉君以輔弼之○一篇之義盡於首章以下二章相比言武夫之最賢者可以為好仇腹心以詠歎賢人之嚮想也曰好仇曰腹心至其為干城則皆是一也

肅肅兔罝施于中林書云翕受敷施施字可玩○或云中逵以當路與好仇中林以參機密與腹心

赳赳武夫公侯腹心腹心賢於好仇○試分三章論之干城如廉頗藺相如之於趙王好仇如管仲咎犯之於桓文腹心如伊呂之於湯武

墨子亦或古之遺言云文王舉閎夭泰顛于罝網之中西土服果然與于兔罝者取其所由拔擢也興意則如本注

兔罝三章章四句

芣苢后妃之美也亂世則武夫實衛封疆芣苢所以次兔罝也邦內之事止於是故序稱后妃亦止於是和平受上二篇繫之家無內閫國無外侮則婦人樂有子矣晉書巴郡邊吳境兵士苦役生男多不養殷紂在上干戈未戢非武夫好德何以至此

采采芣苢薄言采之山海經芣苢宜子采之言其為采之而出遊也采采芣苢薄言有之芣苢大葉長穗好生道旁有之言其有茁然生者也

采采芣苢薄言掇之見其有之而拾取之也采采芣苢薄言捋

之捋蓋急於掇也說文寽五指捋也案言五指攬取也猶予所捋荼○朱注捋取其子也恐聽采采芣苢薄言袺之掎衣上袵也采采芣苢薄言襭之扱衣上袵於帶也○舊說首章言其初往也二章言其既得而取之也卒章言其携而歸也

史記文帝時天下新去湯火人民樂業自年六七十翁亦未嘗至市井游敖嬉戲如小兒狀大平氣景千古在目以是觀於是詩庶乎其有興矣樂有子之義確哉韓詩曰傷夫有惡疾子貢傳曰童子關草雜說耳

芣苢三章章四句

漢廣德廣所及也言德之廣運及遠方也稱德廣猶大明曰文王有明德假樂曰

嘉成王。文王之道依舊關雎之化。后妃之美也。被于南國周南之為南在

此。美化行乎江漢之域美化即男女以正也。文王之道化雖百端是獨於男

女之際而已。無思犯礼女皆以礼自防也。在二南序礼皆男女之礼也。百禮不與求

而不可得也詩之大義躍如也。文辭古雅。在孟荀以上。

南有喬木不可休息興也。喬木高擢雲表竦然而不可芘焉。以興游女高潔自持挺

然而不可近焉息當作思字誤。漢有游女不可求思游女興於喬木。而其高潔

自見矣。孟子故國喬木。於是詩確當若特說上竦無枝。則興意索然。漢之廣矣不可

泳思江之永矣不可方思比也。泳亦不可方亦不可以比其求而不可得

翹翹錯薪言刈其楚比也。翹翹秀起皃。錯薪叢木也以比衆游女。而楚比其所思。以

喬木之不可休而欲刈錯薪之楚者求諸其次也之子于歸言秣其馬之子其所思也今方成隊出游待其還事之時願路之一束芻以示我意漢之廣矣不可泳思江之永矣不可方思欲刈不能欲秣不能江漢茫茫終不可求

翹翹錯薪言刈其蔞比也楚木也蔞艸也非不竦然高而蔞又微於楚之子于歸言秣其駒貴乘馬賤乘駒駒又微於馬夫喬木不可休故等而三下之然終不可求即女皆無思犯礼也漢之廣矣不可泳思江之永矣不可方思蔞亦不能刈駒亦不能秣比江漢以自斷其不可得也

漢廣三章章八句

汝墳道化行也不啻德廣所及也漢廣言女汝墳言婦文王之化行

乎汝墳之國化亦寡妻之刑后妃之德也在二南非離后妃而別有文王婦人

能閔其君子猶勉之以正也下役王事正也后妃輔佐君子知臣下之勤勞至於憂勤亦是風之所自也卷耳勉之以正在言外閔之如卷耳臣下誰不勉於正乎〇殷其雷勸以義大夫妻也而此賤女也猶字有無亦可玩

遵彼汝墳伐其條枚君子于役婦人出而樵於外是炊爨勞之勞苦亦南山采薇之意也

未見君子惄如調飢惄憂思也小雅惄焉如擣朝飢思食卑女口氣

遵彼汝墳伐其條肄既伐其枚又伐其肄以著行役經年也

既見君子不我遐棄託采薪以望萬里之人至此始會其歸也不我遐棄賢女口氣

魴魚赬尾比也魴魚白勞則赤以比君子之旅瘁

王室如燬紂王暴烈民在炎火

經年之勤苦使君憔悴

雖則如燬父母孔邇

父母文王也邇言封域已迫也文王視民如傷仁声日熙夫汝墳之民亦將懷文德故以是慰之又以勉之也○父母孔邇一句是周室興王之氣象以是終周南協矣夫

汝墳三章章四句

麟之趾關雎之應也

關雎之所化成故曰應然麟趾之麟猶卷阿之鳳王化成而麟至至治之美有感應之

關雎之化行則天下無犯非禮

麟趾騶虞序以天下爲言二詩作於革命之後可知非禮言男女無别也

雖衰世之公子

衰世言殷之末世也所謂公子公族者非特姬姓而已所以著天下之有禮也

皆信厚如麟趾之時也

關雎之化行信厚成俗麟至詩作此謂麟趾之時言萬國振振至如是時

其盛也

麟之趾振振公子 興也麟毛蟲之長振振皆以興信厚公子也 于嗟麟兮 比也既興于麟又且詠歎以比焉美之又美之也興猶有彼是之別比則遂成爲麟意念篤矣

麟之定振振公姓 公孫也喪大記謂子孫爲子姓多出此蓋因公子而成辭者□麟擧其趾而至故先言趾定也角也取其昂昂然而有儀表也說趾不踶定不抵角不觸窮矣公子公姓公族是德實之叙也 于嗟麟兮

麟之角振振公族 高祖以下有服之親 于嗟麟兮 夫公子貴而不驕富而不淫脩德學道以成信厚三章皆生小子游倅言之以終房中之樂乃后夫人所以正德化其要在此皆將君人相人者也不慎於始何以令終邶風以二子乘舟反應之其義益著明

麟之趾三章章三句

周南之國十有一篇

關雎　樛木　兔罝　漢廣

葛覃　螽斯　芣苢　汝墳　麟之趾

卷耳　桃夭

毛詩考卷一

毛詩考卷二

召南第二

鵲巢夫人之德也召南夫人被后妃之化其德可以風家邦也國君積行累功以致爵位以周家之奔走禦侮新封矦者言之也其實雖殷之舊國爵位本自積累得之毋論也故夫人之德固無新舊之別夫人起家而居有之積行則賢累功則勤宜若難為其配然德如鳲鳩發明鳲鳩是鳲鳩也昧比興者不能解所謂均壹言均養一宿也曹風及少昊鳲鳩氏司空也可徵乃可以配焉夫人不藉它行功獨以有是德故無作於好逑也

維鵲有巢維鳩居之比也序悉之鵲巧於巢成而完固鳲鳩性拙有居其成巢者然

一宿其居均養其子而心如結是鳲鳩之德也

之子于歸百兩御之言大婚之盛以著夫人起家而有是爵位也女從人者也迎焉而後行故先御而後將

維鵲有巢維鳩方之方猶嚮也大雅萬邦之方○居之統言也言以為己居方之飛而嚮其巢也與將之照盈之嚮而集其巢也

之子于歸百兩將之

維鵲有巢維鳩盈之盈言入巢和聚也曹詩鳲鳩在桑其子七兮以比其以衆媵姪娣入

之子于歸百兩成之成之統言送迎也居之奇而方之盈之偶也御之將之偶而成之奇也奇偶上下相錯辭之巧也

鵲巢三章章四句

采蘩夫人不失職也皆能供其內職而不敢失墜也既有鳲鳩之德又勤其百

職而夫人之道乃備矣所謂不失職皆非獨指祀事也

夫人可以奉祭祀則不失職矣

釋詩唯言祭祀之義也祭祀所以昭忠信奉之能誠敬則於百職無所失也故特咏祭祀之忠而已其實舉一端以著其百職不失也采蘩序可併考

于以采蘩于沼于沚

夫人將祭出而采蘩于外親之者忠敬也猶后妃之采荇菜〇采蘩出夏小正其爲豆實尚矣

于以用之公侯之事

言祭公侯也

于以采蘩于澗之中

求而至於山溪猶洞酌彼行潦

于以用之公侯之宮

先君之廟也夫人之薦非一蘩左傳荀有明信澗溪沼沚之毛可羞於王公此其義也

被之僮僮

被編髮爲之少牢禮主婦被僮僮祁祁盛飾也不必說敬說舒

夙夜在公

夙夜恭也言進不敢後退不敢先頌云夙夜在公公在公公飲酒此公即公侯之宮也

被之祁

祁薄言還歸及其還猶是祁祁祭義已徹而退敬齊之色不絶於面夫人不失職是葛覃卷耳之所化也而詩唯言一祭祀夫詩取節而不盡物在是詩咏一蘩一被而薦羞之忠禮容之恭皆見矣故鼓一弦而二十五弦皆動者唯詩爲然閉目而顧瞻千古則召南之國宗廟之美君與夫人交獻禮樂交應於上下歷歷不違顔咫尺故子曰興於詩無所取之取諸觀也夫祭非啻一蘩一被則夫人之職亦非啻祭祀詩之本義微序不可闚觀耳　左傳風有采蘩采

蘋昭忠信也公桑之說斷非古義　或云夫人非實出采蘩詩人且如是說案無其事而空言之荒唐甚君之於廟藉則親耕牲則親朝親殺樂則親舞夫人而親采蘩考之礼意非虛構也不與采采芣苢同

采蘩三章章四句

艸蟲大夫妻能以禮自防也期於嘉會以守空閨無嫌疑之行以礼則心者也在二南唯是序無廣說一句瞭然故也能字采蘋亦出二篇相照可玩○艸蟲自守也殷其雷佐君子也有艸蟲之心而殷其雷之勸以義大可感觀二篇皆大夫妻也

喓喓艸蟲趯趯阜螽比也艸蟲鳴而阜螽應之君子為我惠前綏我結吾綢起而從

之乃君子我所仰望終身也是鵲巢均壹使大夫妻不戴者

未見君子憂心忡忡君子行役未反空閨不堪秋也亦既見止亦既覯止我心則降未見者今日之憂也既見者異日之樂也期於異日以慎今日人情所難以礼自防在此乃曰今憂心雖如衝得見君子可以夷懌我豈不忍數年之不憂而使君子貽帷幕不脩之名乎可謂賢矣

陟彼南山言采其蕨自艸蟲之感於心憂以至於春黃鳥鳴而桃有華所以有是遊也未見君子憂心惙惙遠望杳杳白雲在天滿目不堪春也亦既見止亦既覯止我心則說雖則不堪春見亦不遠敢使我心痗乎

陟彼南山言采其薇既出采蕨又出采薇至此情益切故曰我心傷悲方寸將亂故曰我心則夷未見君子我心傷悲卒章変辭而意殊切且忡忡惙惙相偶采

蕨采薇相偶前後錯綜。亦旣見止亦旣覯止我心則夷。旣曰見又曰覯，詩之畫人情，丹臒不如也。出車之五章，蓋取於召南者，隨使而改其辭。

艸蟲三章章七句

艸蟲是鵲巢所化，故列夫人之詩二首於始，以艸蟲受鵲巢，以采蘋受采蘩，蓋編集之義也，不與合樂之序同。左傳以賚爲武之三，桓爲武之六，亦與編集之序異。齊詩先采蘋而後艸蟲，不足取已。夫在召南，大夫妻能協于鳴鳩之德者，唯艸蟲也。此婦德之本，先録之宜矣。

采蘋大夫妻能循法度也。采蘩之化行，內子能敬其百度也。法度非特言

祀事也能循法度則可以承先祖共祭祀矣是以咏祭祀一節以著其敬恭朝夕能守閨範也與采蘩序其辭相表裏而義備矣

于以采蘋南澗之濱夫人親之誰敢不然于以采藻于彼行潦行道也行路之行○采蘩言其既嫁采蘋言其未嫁采蘩一蘩一被而再出采蘋六物六事而不復采蘩其辭簡而其趣富采蘋其辭富而其趣簡是立格之異其成於一人之手了然可知矣

于以盛之維筐及筥此言女能從教而用其器也是亦循法度之形容于以湘之維錡及釜湘韓詩作鬺史記烹鬺上帝據禮記芼用蘋藻鄭箋不可改

于以奠之宗室牖下祖廟既毀教于宗室言大宗之廟也牖下奥也室西南隅神主所在誰其尸之有齊季女主婦薦菹醢然此言教成之祭其礼不可拘說耳采

蘋藻而盛之而湘之而奠之皆季女所尸也
左傳行潦之蘋藻寘諸宗室季蘭尸之敬也

采蘋三章章四句

甘棠美召伯也二南有美召公而無周公猶大雅獨舉召康公周樂成於周公亡論清廟文王雖召南亦周公所作且定也二南不與變風一例

召伯之教明於南國教言男女之礼也召伯施教所過則化士女喜其無過父老喜其得良子孫去後遺愛其棠所以作也史記韓詩說苑謂之衰世之詩雖說耳□序末句必礎助字例也然是序必非闕文

蔽芾甘棠爾雅蔽微也芾小也蓋黶足以庇人之謂我行其野亦同

勿翦勿伐去後遺愛思其人敬其樹

召伯所茇茇艸舍以著其野處不廬

蔽芾甘棠勿翦勿敗敗傷折也不唯不以叉伐

召伯所憩召公爲南諸侯

之長故稱伯是衞伯之伯而非分陝之伯序曰明南國宜細繹之

蔽芾甘棠勿翦勿拜杜類屈之多實勿屈非特勿敗而已陸佃得之召伯所説説言税駕而少憩也鄘詩星言夙駕説于桑田○茇不廬也憩休息也説下車而已蜉蝣同序

甘棠三章章三句

行露召伯聽訟也大車所謂男女之訟也衰乱之俗微浸而消也衰世乱世見前後貞信之教興甘棠所謂召伯之教是也漢儒呂来皆曰聽訟甘棠下沉類序説至宋儒全不言聽訟則甘棠不關房中之樂彊暴之男不能侵陵貞女也

厭浥行露豈不夙夜謂行多露比也先摸寫貞女之情揭之死鼠在卒章

似出一手以露濡衣此非礼汚身與蝃蝀同意女曰行露方濕我豈不欲夙夜即汝乎畏多露濡衣而不敢也即以礼自防者大車豈不爾思畏子不敢其意正同

誰謂雀無角何以穿我屋興也雀無角何以穿乎女無家何以獄乎反言以斬之誰謂女無家何以速我獄諡法未嫁短折曰殤雖速我獄室家不定鄭箋明矣

誰謂鼠無牙何以穿我墉鼠有齒而無牙誰謂女無家何以速我訟雀鼠淫物也穿屋穿墉害事也雀角鼠牙以無有為有也因以為興雖速我訟亦不女從此室家不足辞之緩急不同所以為卒章也夫召伯在上雀角之説不行故女奮於言如是即蝃蝀畫而不汚之意也此可以觀彼無情者不得尽其辞焉

行露三章

羔羊鵲巢之功致也 鵲巢其君賢以勤其夫人均以一以正人倫治朝廷此鵲巢之功也專繫之國君非序意也猶兎罝繫之關雎之化房中之樂宜然

召南之國化

文王之政 文王之化以致鵲巢之德鵲巢之功以致羔羊之美故序以鵲巢發之又申推本之文王之政也

在位皆節儉正直 節儉葛覃之德也正直釋委蛇也周南男女以正勉之以正

德如羔羊也 羔羊言是詩也委蛇委蛇心廣體胖之形容雋永乎有餘味釋以正直未足盡言外之妙故讓於詩曰其德實如是詩之所永歎淫液

羔羊之皮素絲五紽 羊裘賤於羔裘非大夫服王藻犬羊之裘不裼素絲而五紽皆節儉也

退食自公委蛇委蛇 左傳委蛇委蛇言從者也衛而委蛇必折從卽

正直也其行正直志氣無餒則身自委蛇矣退食之委蛇以室人交徧讁我反觀之而益覺焉永

羔羊之革素絲五緎去毛曰革詩辭不拘以五羖大夫推之五皮為裘蓋賤之陋裘也姚旅云皮小則合縫多英飾亦多委蛇委蛇自公退食古者辨色始朝退而朝食食朝食為盛適子之館兮還予授子之粲兮召南大夫亦當有慈以旨甘美色以溫之者

羔羊之縫素絲五總或云縫之突兀曰紽有界限曰緎合二為一曰總宋紽音駝恐未可信緎域也總合也疏云緎素絲為紃施之縫中連屬兩皮因以為飾委蛇委蛇退食自公楚莊王退朝樊姬下堂而迎之曰何罷之晏也得無飢倦乎夫室人均一和輯則召南大夫亦樂只君子福履綏之旨也以是為房中之樂唯帝如之邪國録北門為之反應可玩

三章無前後深淺之辭唯其反覆永歎自有愈入

愈深之妙與殷其雷同其體裁羔羊四十八字而換六字殷其雷七十四字而換五字耳

羔羊三章章四句

殷其雷勸以義也汝墳曰正廢賤也召南之大夫遠行從政不遑寧處天下方大乱其室家能閔其勤勞艸蟲所言大夫妻胥郎是也勸以義也我心傷悲如艸蟲而曰君子歸乎哉不歸也賢婦烈婦

殷其雷在南山之陽比也比遠國之乱西有混夷北有玁狁命將率遣戍役郎是時也感雷震之作於南山以為比汝墳以王室如燬勞其君子其情同南山之南山外也何斯違斯莫敢或遑何斯辞也與何其處也同我君子何故去此居而須臾遑暇亦不敢

邪敢字著君子之勉王事也

振振君子歸哉歸哉殷雷之未收声君子歸邪

殷其靁在南山之側側言山之左右也**何斯違斯莫敢或遑息**或字今本闕依足利古本補**振振君子歸哉歸哉**采薇即大夫遠行之詩也曰我戍未定靡使歸聘先公事也其室家乃曰歸邪歸邪文王之時夫婦有恩而相勵以義如是岐山之元氣欝渤者天下豈能當之乎

殷其靁在南山之下下麓也南山之北也自外旋而至於內**何斯違斯莫敢或遑處**敢字依足利古本補之首章曰莫敢或遑而二章添之息字卒章添之處字甚妥○息休息不遑永日處坐跪不遑横膝此其序也**振振君子歸哉歸哉**杜詩勿為新婚念努力事戎行此其所勸也李詩何日平胡虜良人罷遠征此其所待也

殷其靁三章章六句

摽有梅男女及時也三十而娶二十而嫁也左傳范宣子聘于魯賦摽有梅季武子曰歡以承命何時之有據是則所謂及時惡知非周公所繫乎**召南之國**羔羊殷雷摽梅三首召南字相聯**被文王之化男女得以及時也**殷之末世淫風亂於族文王行政正之礼會以判合男女使懷春者並及嘉時而無蔓艸有狐之情故女皆待時而不自獻其身也ヿ羔羊大夫也殷雷其妻也摽梅士庶人也序皆表召南示之

摽有梅其實七兮比也盛極則落以比容華之將萎也衛詩桑之落矣其黄而隕亦比華落色衰**求我庶士迨其吉兮**庶士媒氏也掌萬氏之判吉士誘之士如歸妻皆同迨者不過時之辭也女曰蘭蕙將摧士其必不過吉日良時而既我矣待時而自安之意

摽有梅其實三兮七者落過半益惜顏色也求我庶士迨其今兮今急辭也不必說不暇擇吉日夫三者亦落則時過三之未落是今也士當不過是今

摽有梅頃筐塈之卒章變辭依舊言落之多也此意如初說落之盡矣非求我庶士迨其謂之謂之告語於彼也左傳多出此言以我告彼而撮合之女曰我年將過士其必當不愆議親之時而歸我矣時已愆則不可以告故曰迨舊說失迨字義

摽梅之女待而不求者有所自安故也辟農夫之待時深耕其田耳而不負水潢之者知靈雨之必至也不知是義而曰急求男安矣且是詩人吟詠男女得以及時之美者非女自作也釋序說哉

標有梅三章章四句

小星惠及下也應樛木后妃逮下也惠言夫人之德也夫人無妬忌之行惠及賤妾進御於君樛木曰無嫉妬之心夫人則觀其行而不及其心然得以禮御敘則亦樛木下垂之惠也知其命有貴賤能盡其心矣賤妾知其天分不同盡心以事夫人而不敢上潛則是亦葛藟之纍也

嘒彼小星三五在東比也嘒猶粲粲也君日也夫人月也衆妾其猶星乎三五言初昏星初見時也日沒於西故先見於東以自比妾媵之不一二知分自卑也肅肅宵征肅肅敬也宵征昏時也夙夜在公言密邇君所而不去也得進御而悅夫人之惠故曰夙夜寔命不同身如三五小星得御敘而夙夜在公則足矣天命所賦不與夫人同

嘒彼小星維參與昴二星鮮明故昏先見謂之小星自卑之辭也肅肅宵征抱衾與裯寔命不猶爾雅幬謂之帳幬裯通用鄭箋據是可從抱二物而往還著其賤也○爾雅猷若也郭引是詩作猷唯詩多是例小雅其德不猶之子不猶皆同

小星二章章五句

江有汜美媵也以是詩次小星編集之意也勤而無怨嫡能悔過也是序與載馳序一例宜併考之勤而無怨是蓋聞文王之風者也悔過者文王之化浸而及之也文王之時無怨悔過皆文王之化也故表之江沱之間汝墳之國一例古雅蓋猶非文王封內也是篇與死麕猶漢廣汝墳並描寫其將歸文德之時事序之辭可抗

有嫡不以其媵備數黜是賢媵者妬忌之行也媵遇勞而無怨

一篇句句皆是意也舊說渾不曉何居嫡亦自悔也故詩人作是詩吕美之

江有汜比也水決復入為汜比嫡必有媵之子歸不我以以用也不以言不備數也邶詩不我屑以不我以其後也悔雖不我以後將自悔也夫大江必有小汜而嫡之不我以唯是妬忌之過已聞周召之風大不然美化所被嫡亦當自悔我何怨矣身雖黜辱不憚力行以事疏遠之人負辜引慝勤以自致遂使嫡感而乞若是亦舜號泣于旻天胥而文王道化之所馴致也舊說不深考古序之義故使是無何味

江有渚水岐成渚大江必有許多小洲之子歸不我與黜我於數外而不相與不我與其後也處雖不我與後將悔過而相與偕處也小雅此邦之人不可與處

江有沱江水別為沱有正室必有別房之子歸不我過不過而問我不我

過其嘯也歌嘯當作後以詩體格知之猶溱洧剤字其寫誤在鄭箋之前歌言相與偕歌也琴瑟友之之意不啻相與偕處つ三章所咏皆勤而無怨時之事故其誠可以入金石

江有汜三章章五句

野有死麕惡無禮也惡字因平章天下大亂彊暴相陵遂成淫風言殷之末世紂之封域被文王之化雖當乱世猶惡無禮也文王之國治世也紂之國乱世也此乱國之詩則其將歸文德猶汝墳所召居召南之末也標梅曰召南之國是序不繫召南而曰乱世宜精繹之

野有死麕白茅包之獲死麕於野而白苞包其肉此贄之至薄者也有女懷春吉士誘之懷春言女之年當嫁者也吉士媒氏也誘言遂其懷也死麕茅包雖薄礼

吉士以誘女而女從之有礼故也○士昏礼摯不用死是詩曰死麕死鹿庶人或用死欤殷周異欤

林有樸樕野有死鹿白茅純束野有林林有樸樕樸樕有死鹿其不鮮甚於野麕矣純束也有女如玉吉士用薄薄之摯以聘是玉女也苟有礼女亦不敢違也

舒而脫脫兮先提玉女之儀表也月出三句據此成辭無感我帨兮言其中心毅然不可犯也莊子異鵲感周之類感觸也無使尨也吠守狗若驚汝將受淫暴之名耳我斷不汝從汝勿以無礼自汙其身矣

野有死麕三章

何彼襛矣美王姬也是詩風調絕不似召南子貢傳編之王風雖則王姬亦下嫁於諸侯車服不繫其夫下王后一等猶

執婦道以成肅雝之德也詩既可疑序亦後人所補綴歟今闕如

何彼襛矣唐棣之華興也以華之襛興車之肅雝曷不肅雝王姬之車其人肅雝故以美車少儀和鸞之美肅肅雝雝

何彼襛矣華如桃李比也以桃李比伉儷平王之孫齊侯之子言王姬皈于大國之盛也○舊説平王宜臼之孫春秋王姬歸于齊是也此於辭為穩

其釣維何維絲伊緡比也緡合兩為一也緡其絲而可以釣比君與夫人相親而可以治安齊侯之子平王之孫

何彼襛矣三章章四句

騶虞鵲巢之應也以終召南即所以終二南也序文可玩鵲巢之化

行麟趾曰關雎之化行人倫既正男女有礼如行露死麕朝廷既治羔羊是也君與夫人各自正其國而萬國以治天下純故下文受以天下也三句一轄語勢少歇蒐田以被文王之化則庶類蕃殖澤有葭陸有蓬一發而五豝時茁葭茁蓬時也以時而不荒亦庶類所以蕃殖也仁如騶虞則王道成也文王不敢盤于游田今天下始大平乃以田獵之仁咏之忠厚及禽獸之事也國人正朝廷治萬物蕃而加之以仁王道所以成也〇二則字與葛覃正同其義前後手貫而相報亦同簡而不洩

彼茁者葭葭澤草也著春田之時而有萬物繁盛山澤鬱蒼之氣象此詩人言外之鼓舞壹發五豝自茁葭中逐五豝而來者一發之于嗟乎騶虞比也翼五豝以戰其命所以比騶虞也夫蒐田以講武事供賓祭也其幣必多殺以荒周公以仁及禽獸為王道成以是

彼茁者蓬蓬陸草也自澤至陸壹發五豵獲之澤中者母家也獲之陸上者小豕也互相備韻詩言私其豵于嗟乎騶虞一葭一蓬妙在一茁一豝一豵妙在一發而五行葦仁及艸木靈臺德及鳥獸昆蟲是詩唯二句而盡其意嘆以比騶虞周公之訓遠矣

騶虞二章章三句

召南之國十有四篇

鵲巢　艸蟲　甘棠　羔羊

采蘩　采蘋　行露　殷其雷

摽有梅　小星

江有汜　野有死麕　騶虞

毛詩考卷二

毛詩考卷三

邶國第三

邶風者二南之反也編集本意大可見舊說未悉或云所得之地異或云其音自異然分繫三國竟不可考

栢舟言仁而不遇也衛國之所以衰也故首錄之衛頃公之時題曰邶風故稱衛鄘風唐風皆同頃公史記作侯如晉僖公昭公左傳亦曰侯而序皆稱公猶春秋蔡其侯皆改稱公是亦序之可畏敬者也仁人不遇小人在側末句不用助字

汎彼栢舟亦汎其流比也栢舟良舟也比已有材而半落不遇耿耿不寐

如有隱憂耿耿骨清不寐也憂在内不可以語曰隱憂猶衣中之疾曰隱疾隱憂充胸而

曰如有昔辭之優柔不迫也

微我無酒以敖以遊優微游哉聊呂卒歲之意

我心匪鑒不可以茹不能承意觀色以悅容也亦有兄弟不可以據據猶倚賴也薄言往愬逢彼之怒我不能希世苟合而塊然無徒雖有兄弟亦附麗於勢不足賴也以骨肉之故聊愬之以我憂則却怒我曰生斯世為斯世

我心匪石不可轉也困而不易其守我心匪席不可卷也窮而不屈其節威儀棣棣不可選也選取舍也不轉不卷盤桓於闇朝獨善其身威儀礼節內省不疚我何惡於志乎○憂患不失威儀有赤舄几几意

憂心悄悄慍于群小悄悄心削小也慍怫鬱也為群小故心菀結覯閔既多受侮不少閔艱阨困瘁也侮折辱姍笑也靜言思之寤辟有標

左傳長木之斃無不摽也○小人成群心憤宄而不樂既遭其讒又受其侮而無所告愬悄悄之憂唯寤忘之耳寤則拊心於悒其無聊極矣

日居月諸胡迭而微比也比君大夫皆失高明之質為群小所虧傷也心之憂矣如匪澣衣衣垢衣則心鬱陶而不出于顔靜言思之不能奮飛蓋先君宗祏之司與國同休戚者欲非不能也不為也所謂仁也飲酒遨遊聊以卒歲亦以是

首章統言仁而不遇之情境二章言孤立而無所依三章言不枉己而從人四章極言小人之阨卒章憂君與國卿以表己純忠眷眷之誠

柏舟五章章六句

緑衣衛莊姜傷己也夫人猶君故首句稱衛婦人無外事故曰傷己曰自傷曰自見曰自誓並序之例也文義寔嚴妾上僭夫人失位每章有此二句意簡而悉○碩人曰莊公惑於嬖妾使驕上僭其辭盡于衛而詠于邶蓋為莊姜故難盡之也密矣而作是詩也此句始出變風陸續正風雅所無

緑兮衣兮緑衣黃裏比也中外失宜以比妾顯而夫人微爲青勝黃爲緑間色称緑蓋以黃對之故也心之憂矣曷維其已

緑兮衣兮緑衣黃裳比也上下易位其又甚焉礼衣正色裳間色如冕服玄上纁下是也心之憂矣曷維其亡亡與忘通

緑兮絲兮女所治兮比也女指莊公有緑絲女治而織之以爲善衣比悅嬖妾而使

驕且僭

我思古人俾無訧兮古人有禮使人無過女何不顧是常秩

絺兮綌兮凄其以風比也涼衣逢秋而見棄比已不過時自上思古人感起吁嗟絺綌后妃所服不歎也或說色衰而廢未善

我思古人實獲我心毛鄭明了

綠衣四章章四句樛木小星江有汜之反也

燕燕衛莊姜送歸妾也此亦妾上僭之致大亂者也

燕燕于飛差池其羽比也秋燕將歸以比戴嬀夫燕以春至珍泥而就人家子母相哺呴呴相樂若將終身焉至秋日風寒則差池其羽頡頏以去矣戴嬀之歸有似之李陵送蘇武曰浮雲日千里安知我心悲莊姜之於戴嬀亦是心也君薨子弑暴人殘國今又與好友永別有何樂而安是居乎取燕之無心而却飛以慰其凶変無涯之怨而若自怨不能還車者

之子于

歸遠送于野送至郊外非常也瞻望弗及泣涕如雨

燕燕于飛頡之頏之既去而目送之也頡頏毛傳似叉之子于歸遠于將之也將送瞻望弗及佇立以泣神逝而形立蝤蠐之領如槁木美目滴滴唯有淚耳

燕燕于飛下上其音目力不及以耳追之也形影不見如聞遺音莊姜目不見大山所視唯歸燕耳至此則風鶴皆燕也燕之去始見其羽相差池既而見其形頡頏至其音所謂在耳不忘者是其叙也之子于歸遠送于南三聯遠字以著非常之別也南南郊也瞻望弗及實勞我心戴嬀去而莊姜則孤收涕而心定不勝百端茫茫

仲氏任只其心塞淵戴嬀有嫵其行仲也任以思相信也卒章美其德嘉其言而前

章悵別之意溢之所從滾滾露出

終溫且惠淑慎其身惠順也**先君之思以勗寡人**古之別者有贈有處莊姜方遭州吁之難故戴嬀以其所以追事先君者黽勉於逆境也莊公雖惑姜氏猶以夫人終又為君母蓋十六年桓公弒而身始廢故有是處

燕燕四章章六句

日月衛莊姜傷己也感於昔日而自傷也**遭州吁之難**弒桓公而自立**傷己不見荅於先君以至困窮之詩也**文綦古雅○左傳州吁有寵而好兵莊姜惡之然則豈無幾諫公惑而不察以至大逆莊姜之慼必非一端然無片言及州吁特以不見荅自傷直賢媛辭氣也○卷耳輔君而至憂勤日月不能輔君以至困窮

日居月諸照臨下土比也日月照臨迷明祖配此古人所取法以定君與夫人之禮

也

乃如之人兮逝不古處如之人僭曰若人也君予僭老蝃蝀亦出皆受上而言之此受日月照臨逝發語辞唐風噬肯適我韓詩作逝不古處不以古礼自處也又不以古礼處已也**胡能有定**所謂以至困窮也**寧不我顧**君既不古處賤妾跛亀積戚之漸以至今日我何以能安處乎君何故不顧使至斯極乎号泣于先君也

日居月諸下土是冒冒以日月無私照言之**乃如之人兮逝不相好**私於嬖妾不與我好**胡能有定寧不我報**我胡能得定居乎君何為不我答邪愬昔日之不遇以致今之患也莊姜之惡州吁久矣果為大逆而不能正其過不在今日而在昔日故呼先君以愬困窮也其唯愬困窮故每章淫泆之也舊説以下定繫莊公失之

日居月諸出自東方光明御天月華如日也然思之盛日不借其明月能獨盛乎

乃如之人兮德音無良言不借其恩意也有德必有音故有是熟語此猶德音莫違及爾同死無良猶之子無良二三其德

胡能有定俾也可忘俾也未詳大雅并云不逮或是寫誤蓋俾可忘言君使我可忘君欲語氣未平穩

日居月諸東方自出此意如前章雖下無應依例置章首儘如東山之例

父兮母兮畜我不卒三號泣于先君遂號泣于父母也父母育我如玉如金而今至斯極

胡能有定報我不述述猶也則大恩亦不遂也

日月四章

終風衛莊姜傷己也雖疾州吁猶且曰傷己是首句之嚴也

遭州吁之暴既立而暴慢也衛定姜疾獻公曰暴毋使余

見侮慢而不能正也

亦不見答故也總是莊公惑妾之禍○螽斯子孫和集芣苢樂有子而終風子慕母擊鼓子敗國

終風且暴比也以終風比州吁之暴態一章甚於一章至卒章又言雷**顧我則笑**過而不札顧而笑也此非朝莊姜時顧字可玩故曰惠然肯來**謔浪笑敖中心是悼**州吁以其母驕上僭故已亦驕奢淫泆今既弒桓公而立視莊姜猶莊公之時侮慢無忌

終風且霾比也不唯暴疾又且雨土**惠然肯來**壹者之來一意皎皎白駒賁然來思願其來也彼君子兮嗟肯來遊肯字正同**莫往莫來悠悠我思**不唯子不子又使母不母也州吁雖暴逆亦先君之寵子也故莊姜猶有所望焉石碏之事非莊姜所及

終風且曀不日有曀比也曀雲蔽日也不經日而又曀則終風不唯一日暴人之情遭大侮則鄙言曰我能改然不能時月克己暴態如初比寓盡矣州吁差抑其暴態則莊姜亦少安

猶有望故也

寤言不寐願言則嚏 釋詁願思也深夜不寐輾轉憂悼邪風犯衾枕故嚏鼻也嚏字詩一出似因終風用之月令季秋行夏令民多鼽嚏鼻窒曰鼽發声曰嚏

曀曀其陰虺虺其靁 比也風為甚天晦而雷震以比州吁之暴乱益甚

寤言不寐願言則懷 莊姜雖賢積威之漸末如之何不寐永懷而已小雅嘯歌傷懷

終風四章 以母子言之螽斯芣苢之反然原其本亦是樛木小星之反

擊鼓怨州吁也 首句不冒國汲壽共姜一例也州吁春秋所不君序之文法謹嚴如此

衛州吁用兵暴亂 首句不冒國則下必冒國之首句國之則下不冒國亦例也

使公孫文仲 非古傳何以知之

將而平陳與宋 陳本與衛睦而不與宋和今伐鄭者求媚於宋也以陳從宋則陳宋之和成故以平陳與宋為名是州吁之黠計也若徒

平人之國何必命將用兵**國人怨其勇而無禮也**勇言其好兵阻兵也無礼殘民自逞也四字出論語〇睹左傳東門之役五日而去非是詩無以観暴人失民衆叛親離也

擊鼓其鏜踊躍用兵言治兵時也州吁好勇士皆執兵狂躍**土國城漕**

我獨南行國城都城民怨驅役而我則甚焉〇通篇征夫怨也一意貫通首章言暴乱之師兵士不欲行二章言師不競行伍相失三章言獨行無聊四章言同怨相遇以慰苦境因以著散卒衆多之狀卒章言其人亦不頼棄已而去以極其苦毒

從孫子仲平陳與宋將帥非其人用師非其道從無頼之人而赴非道之師此何苦况

不我以歸果然而潰乱離散也辭之轉眼如無雨而雷四章五章之突轉亦同借一散卒以著國人皆怨無闘心無離死轉之狀

憂心有忡卒然入難百憂衝胸

爰居爰處爰喪其馬既為散卒孤征而無所依居於此處於彼又亡其馬流離之憂極於斯矣左傳申鮮虞出奔舍弇中枕轡而寢恐喪馬也易有旅人喪牛于以求之于林之下零丁孤苦之狀畫而盡之吳語靈王親獨行屏營傍偟於山林之中

死生契闊與子成說契闊毛傳勤苦也韓詩約束也成說成誓也猶左傳楚辭曰成言此言遇鄉人忽閒主面也執子之手與子偕老求馬不得屏營間忽遇似人者闊之則亦彼孫子仲棄者同怨相語死生成說執其手期以偕老心若過再生之母()吳語三日乃見其涓人疇趨而進靈王枕其服以寢於地此跋卒苦中一快似之

于嗟闊兮不我活兮重入大苦境也闊隔遠也于嗟洵兮不我信兮洵遠也楚辭眴兮杳杳亦遠貌亡幾其人亦棄已遁去乃歎曰嗟隔遠矣使我不活身既零落

人亦不信我我何以飯乎我死於道路乎易有旅人先笑後號咷曰呉語王寐嚆枕王以嘆而去之王覺而無見也案此詩靈王之苦惱何如哉詩所咏情境殆似宜併觀之

擊鼓五章

凱風美孝子也草蟲大夫妻也汝墳庶人妻也閨雎鳩巢之化閨門以正邶風錄凱風此其亥也衛之淫風流行自綠衣至擊鼓皆公室淫亂之禍也雖有七子之母猶不能安其室淫風已甚如此所以首錄凱風也不能安其室言嫁出遊齎陰小有言以釋勞苦莫慰之義也若說欲去嫁則恐不可謂親之過小者故美七子能盡其孝道以慰其母心自謂莫慰此其所以能慰也而成其志爾七子遂能感悟其母以遂其所志也

凱風自南吹彼棘心棘心夭夭比也棘散材且難長故七子自比心中也儀禮棘心已刻言已用棘心而刻之所謂棘赤心是也心得養而枝葉茂故曰吹棘心礼記如松栢之有心韓非子枝將害心皆同舊說心其稚弱未成者有明徵乎否

母氏劬勞自哀哀父母生我劬勞來而其義一轉母氏之養使七子夭夭漸長猶且劬勞未安如群雛之時

凱風自南吹彼棘薪比也薪比子既壯大

母氏聖善我無令人聖善言慈愛拊育無所不至也我無好人足慰母心者故使母氏劬勞也棘猶蓼莪之蒿

爰有寒泉在浚之下興也以寒泉有益於浚反興七子無賴於母焉易云寒泉食是亦以見食言之故曰寒□下字有趣有子七人而棘心在母乳下棘薪在母脊下

有子七人母氏勞苦有子七人則邪淫私逸亦可已也可謂妙語蓼莪亦前曰劬勞後曰勞瘁

睍睆黄鳥載好其音興也以小鳥怡人耳反興成人莫慰母心焉睍睆鮮美貌睆彼牽牛有睆其實華而睆足徵有子七人莫慰母心盡道而成志在此

凱風四章

雄雉刺衛宣公也莊公廿三年卒子桓公立十六年弑宣公其弟也以淫乱傷國以下皆宣公時之詩也淫亂不恤國事舉乱之本以示二南之反也宣公二夫人父姦也子婦也軍旅數起發明詩之義大夫久役男女怨曠称大夫亦發明也國人患之而作是詩也也字今本闕據足利古寫本補〇序称國人作者五新臺丘中有麻山有樞黄鳥及是詩也其詩皆直而不汙序豈不精徵乎然亦國史君子吟咏情性者而非出於田畯紅女之口耳

雄雉于飛，泄泄其羽。比也。比君子屬飾以從武事也。泄泄，奮訊貌。海賦注：泄泄，飛翔貌。泄泄通。雉介鳥，見敵不退，故以美君子。而所憂亦在其守介而死，伯兮首章一意。我之懷矣，自貽伊阻。伐懷而不能已，自遺險苦於其身。杜詩：君今性死地，沈痛迫中腸。

雄雉于飛，下上其音。比也。雉之音嗷如角，如疾以清，亦以比君子敵愾之勇也。○夏小正：雉震呴。震，其羽也；呴，其音也。展矣君子，實勞我心。照自貽句，錯綜絕妙。前繫已身，此繫君子言之。小雅：允矣君子，展也大成。它：展我甥兮，展如之人兮，皆虛字也。曰展又曰實，極言其勞我心也。羽勢奮發，音勢奮疾，安知其不以身徇國。

瞻彼日月，悠悠我思。見日月之移而思君子之不日不月也。此情至之語，可感而通己。道之云遠，曷云能來。曷，何時也。左傳：吾子其曷歸。○大夫妻豈不知股雷

之義然忮求之師人氣下振是以憂而特望其歸而已與二南互觀足知時勢

百爾君子不知德行 怨痛之極呼在位凡百君子而想之也其實在一人之本是章斷非庶女口氣序以為大夫妻可謂允矣

不忮不求何用不臧 不害人不貪利則何所為而不善乎不忮不求即德行也不知德行而貪土境以驅人死地所以生是不臧也

雄雉四章

匏有苦葉刺衛宣公也 風刺之至微者也召伯在上而行露奮於言觀其所辭而宣公之昏德大可見矣

公與夫人並為淫乱焉 焉字今本闕以足利古寫本補ノ公既淫乱宣姜亦通公子頑言閨門之大壞而風刺之所以至微亦自見

匏有苦葉濟有深涉 首章二章卒章章四句皆比也有苦葉則未可以為腰舟況有

深涉則不可妄渡深則厲淺則揭比男女之際從欲妄行必取汙辱

有瀰濟盈有鷕雉鳴通篇皆水邊物象也二句此為下二句張之比意在下首章卒章皆同似行露首章濟盈不濡軌濟方盈則宜不妄渡沾軌也軌轂末也去地三尺三寸比義如上雉鳴求其牡雌雉之鳴有求其雄声也可以人而不如鳥乎刺宜義非其牡而求之醜声外聞故曰濟盈則不可濡軌雉猶求其匹人而安行可乎舊說雉而求猶求狗此何謂邪且其字不穩小雉雉之相呴猶求其雌

雝雝鳴雁旭日始旦賦也雁声和而旭日照水正是桃夭將及時之韶景也舊說昏礼用雁猶可五礼用且於是詩無涉士如歸妻迨冰未泮日將消冰故曰媒氏如歸女宜迨冰未消昏在二月議親在其前迨冰謹時也是章賦男女有礼以風之○夏小正正月

雁北鄉寒日滌凍塗二月緜多女士

招招舟子人涉卬否人涉卬否卬須我友比也以待友一事也男女配匹相待也此設人言之渡頭有人曰人涉卬否而立間之則曰我待我友也

匏有苦葉四章

谷風刺夫婦失道也匏葉即公室夫婦並失道者衛人化其上上有匏葉之淫以致其俗又應桃夭后妃之所致淫於新昏而棄其舊室宣公棄夷姜淫宣姜而夷姜縊夫婦離絕國俗傷敗焉宣公之弊化也

習習谷風以陰以雨比也東風和舒雲應雨降而萬物育以比夫婦之道在和同

黽勉同心不宜有怒雖有不同勉强同之夫婦之道也風若洗潰雨亦不應

采葑采菲無以下體比也不以根惡併棄其葉以比取節之義焉人無全美宜取善節不宜怒其所短而棄之意與上句接德音○下體似取於牲之辞儀礼苞牲取下體莫違及爾同死爾之德苟不二三我將及爾偕老也女德不違則大節有可取者

行道遲遲中心有違此言舊室被出之時也有違言心怏怏而不自適也不遠伊邇薄送我畿行道遲遲者不遠伊邇爾送我而自堂至門之閒耳誰謂荼苦其甘如薺賦也己苦痛甚於荼毒宴爾新昏如兄如弟宴安也樂也衛詩總角之宴晋語安俘女○及去我足跂跂不逝非道之遠自堂至門伊邇耳思是門之不可再入也我之見爾亦復今日而已中心有違咫尺千里此我所已遲遲也夫女子一醮不反今而貽父母憂出入俯仰無所容躬心之苦毒荼亦如薺指膚胖合五官失守然爾未嘗閔我思媢新

人宴而笑語矣人之無情一至此欤杜詩但見新
人笑那聞舊人哭
涇以渭濁湜湜其沚比也湜湜水清也涇水本清然
渭水至清故相合而見涇之濁
耳其實其渚未始不湜湜也涇自比渭比新昏沚
比己潔白醇本不毒我新昏入而洗濯始起然我
依舊無
湜德耳**宴爾新昏不我屑以**我雖無違爾以宴新
人之故不屑用我笑
啼皆罷洗濯而至于暴矣
不屑猶不屑髭不屑去**毋逝我梁毋發我笱**舊
言
而絕於夫也四
句取於小弁**我躬不閱遑恤我後**閱省也猶錄
故曰容表記
引之曰終身之仁也冂我雖以新昏遯棄中心潔
白未嘗犯七出唯爾惑新昏不屑使我耳是可知
何我為爾作梁作笱魚飧以樂朝夕今既已矣爾
無復以我所作取供為我身且不閱子孫之遺於
食何遑恤之夫心不能自絕而奮
於言者人情也故下章又反覆之

就其深矣方之舟之就其淺矣泳之游之比也以涉大川比濟于艱難焉上章既絕于夫又申敘昔日之事綢繆宛轉此其情之不可已模寫盡矣何有何亡黽勉求之家物未具求而有之有求而亡之者無不黽勉盡心力也凡民有喪匍匐救之凡民閭里他人也匍匐顛蹙也〇爾不念我昔日勤於爾欲深則與爾方舟淺則與爾泳游之濡衣袽用馮河爰方得免於魚腹其危殆艱苦爾盡記乎且家造之養器凡飢寒之虞不論有無以求之雖凡民之喪顛沛未嘗後於人以求好鄉鄰者其諸誰乎我之於爾有何所背而投以荼毒乎

不我能慉反以我爲讎慉養也小雅爾不我畜毛詩怢慉字亦从心猶太玄經字多從手

既阻我德賈用不售阻却也德前労也如賣物不售又自絕于心也

亦唯奮言耳故又申永歎於下矣

昔育恐育鞫及爾顛覆

育育子也與我後照應回思昔日及爾育於危懼困勤之中而百事不辨轉頓狼狽也〇左傳是不為夫婦也誣其祖矣何以能育國語不夫而育懼而棄之

既生既育比予于毒

生育既遂財業少有則摟新人來視我如毒詩自小雅谷風恐懼安樂來〇我勤於爾如初而汝恐自洸潰視我如仇勤人於險中而不能以前勞畜一人心逐出而自歎欲人之相為也一餐之惡一日之庇苟以其誠則終身不忘我勞如此而阻卻不顧以至棄逐嗚呼盡物不售我身既廢矣爾不念乎昔日家道窮迫育於恐育鞫及爾轉轍以致今之財業矣此糟糠之妻不下堂之時而爾及憎我如虺蝎何其慘毒矣

我有旨蓄亦以御冬

興也旨蓄瓜匏菱芋之類爾以御冬而已春蔬生則棄之旨蓄舊室也新昏春蔬也互而成興

宴爾新昏以我御窮

以旨蓄御冬棄而甘春蔬

與以代御窮棄而娶新昏也〇尊爾新昏三出一出怨於一出如兄如弟言其寵愛不我屑以言其以新棄我以我御窮怨毒極矣肄勩通此言身發而阨窮困苦也

有洸有潰既詒我肄

洸水涌光也潰水旁決也

不念昔者伊余來塈

不念乎云者使夫追念之也來塈新知樂也谷風千古去婦之鏡也語意絕而又續宛纏無窮〇爾之性厭舊好新自昔然矣我所蓄蔬亦以御冬耳而於我亦猶冬蓄御窮耳差免其窮則納新人而忿悁於我既已棄我於萬苦必窮之地矣嗚呼爾亦不念乎我總角之就爾宿信誓旦旦不失靡慝邪

谷風六章

式微黎侯寓于衛其臣勸以歸也

是序河廣一例其責衛伯與旄丘同蚩尤猶夏周禍也黎既爲寓公於衛則衛侯當盡力同恤其難而使其有式微之難豈非其罪

乎錄之以示衛淫乱之禍不唯内傷其國亦不務諸侯之事也召伯明教於南國甘棠茇而行露化此其反應也〇自柏舟至谷風十篇一轄自式微已下更端錄之編輯之意宜潛翫之

式微式微胡不歸寓于衛而不顧日以寒微不如歸也微君之故胡為乎中露諸侯失國而託於諸侯礼也我微君之故何以留此草露沾濡之中

式微式微胡不歸重而言之怨恐詬辱之甚也微君之躬胡為乎泥中泥中甚於中露衛侯之無礼於寓公者大可見矣錄是詩之本意在此

式微二章

旄丘責衛伯也就其為伯而責之故稱衛伯以反應召伯此主意所在邶侯稱邶伯亦著其為賢伯康叔子康伯以後稱其伯六世至頃侯始稱侯狄人迫逐黎侯黎

侯寓于衛或據左傳以為衛穆公時非也國迫則互相戰奪是常事也序以宣公前後夾之則亦宣公時也衛不能脩方伯連率之職方伯州長也連率十國長也康叔為孟侯外事陳臬武公亦為王卿士則莊宣時為諸侯雄可知故本之國體以刺其棄同盟也桓文後衛不得為次國況穆公後於宣公百年在晉景公時黎之臣子以責於衛也子因流離之子于旄一例

旄丘之葛兮何誕之節兮興也以葛之濶節興伯叔之多日焉此葛何其誕節邪伯叔之臬亦上風歌誕云若有責其安諾之意叔兮伯兮何多日也也疑當作兮遵大路三兮一也與是章不同

何其處也必有與也處安居不我顧也有與猶有故也干預之義○首章何字在下

句此在上句

何其久也必有以也必有所以國有急務欲徵師諸侯欲()特牲礼祝曰饔有以也祝曰醻有與也是詩全用古之礼辞

狐裘蒙戎匪車不東弊裘来車奔走於東言告命非不謹也

叔兮伯兮靡所與同同言方嶽同盟之諸侯也序曰方伯連率亦是義也同盟曰同左傳亦出

瑣兮尾兮流離之子瑣小也易云旅瑣瑣尾末也言衰弱又興微通史記鳥獸字微流離流亡乱離也

叔兮伯兮褎如充耳褎然盛飾終不顧是瑣尾之客也称武公盛服曰充耳琇瑩亦同然充耳有蔽聰之義則曾無我聽亦自見矣楚語令子聞而棄之猶蒙耳也又曰其又以規為瑱也()首章疑衛之鼻緩是土風欤二章疑鼻緩之甚猶有待也三章以不與同責之卒章遂以躬自豐而不問憔悴怨之

旄丘四章

簡兮刺不用賢也兔罝羔羊之反也式微旄丘次以簡兮猶甘棠行露次以羔羊

此亦國史君子吟詠
誠(一)上者非賢者自作

衛之賢者仕於伶官不能為公

侯干城退

皆可以承事王者也發明西方美人也梓材以厥臣達王

食委蛇

惟邦君夫諸侯歲獻貢士於天子常也而康叔
特有是命則衛之賢者達王必多故卒章歎之

簡兮簡兮方將萬舞簡言簡敖於不遇之世也方將助字莊子多出

日之方中在前上處月中也前列也上頭也皆著敖世之狀態紊紈君為東上冕而總干

碩人俁俁公庭萬舞惜也是碩人揄是章以著其為有用之材也

有力如虎執轡如組子曰為組者總紕於此成文於彼言總轡御馬如成組文也此蓋以式右

戎御言之二職最忝昵君令碩人以舞樂見昵故玄春秋時戎祏戎御卜而定之重其任也

左手執籥右手秉翟周礼舞羽吹籥籥時時吹之惜也是手不持矛執粤用之軍國而儕於俳優

赫如渥赭公言錫爵渥赭言顏色應俁俁言容體錫爵著公以善舞昵愛之也口舞之叙肯將舞就列次之方舞次之既舞也意之叙肯其故態而惜其為國器而傷公不愛之以其德也

山有榛隰有苓比也以草木各有其所比碩人宜在王庭焉

云誰之思西方美人思碩人思之也卒章畫出碩人中心之感西方美人蓋古稱文王之辭莊子伯夷叔齊曰西方有人似有道者蓋有感焉羊妾蛇欲

彼美人兮西方之人兮反覆永歎之辭其意則可神會耳或之歎其遠而不得見噫緣涉言路則意亦衰颯

簡兮四章

泉水衛女思歸也莊宣淫乱之禍自然有是報也樛木桃夭小星之叉而上無閑雎鵲巢之德以致之嫁於諸侯父母終思歸寧而不得是序與竹竿互相備是女亦不見荅者也不然父母既終何故思歸如是故作是詩以自見也自見云者序之常例謹嚴者也以貽于衛故錄之竹竿曰思而能以禮者也而泉水則雖以禮不言及之鄘國錄泉水之本意在淫乱之禍而不在是女以礼故也序非昧者所解

毖彼泉水亦流于淇興也感水之不舍晝夜而歸故國以興己歸心之不須臾止焉泉永猶流泉泉流非共城之百泉小雅視彼泉水有懷于衛靡日不思上句受亦流于淇下句受毖彼泉水孌彼諸姬聊與之謀諸姬言衆媵姪娣也聊為

歸計是辭之箋也〇左傳同姓媵之異姓則否

出宿于泲飮餞于禰泲也禰也皆歸衛之所涂由今欲宿于此餞于此**女子有行遠父母兄弟**行言女子之道也**問我諸姑遂及伯姊**辭之急也姑姊以盡言之是諸姬中之所尊而取決焉姊親而先姑礼也故曰遂及〇思之不可已也乃決然欲出而宿餞亦唯女子之遠父母兄弟其分也是可如何乃問諸姑又問伯姊皆不可

出宿于干飮餞于言歸路有二道欲將有遠近欲泲禰不見許故別為是計**載脂載舝還車言邁**歸心如大不遑向人商議也脂言灑轂與轄以利轉也舝車軸端鍵也以固轂于軸**遄臻于衛不瑕有害**上句語勢接上言欲如是急急至衛也下句一言愔然疾雷破夢也瑕遐同不遠言近字出大雅我所欲必近於罪悔不可妄行

我思肥泉兹之永歎似本常棣況也永歎況益也兹亦當與滋通作思須與漕我心悠悠皆是昔遊之地漸却安心低首永思耳駕言出遊以寫我憂故緬山水樓臺在目不忘嗚呼沐浴衣裝以功淡於疏遠之人亦苦矣唯是女子之有行也還車之有害也腸雖九折故鄉不可歸也雖知不可歸靡日不思口為之永歎心為之悠悠悠哉悠哉聊出遊以陶寫是憂耳

泉水四章

北門刺仕不得志也不得志言不能行其義也言衛之忠臣二字發明王事政事不憚貧窶而勤勞之是忠臣也子曰忠信重祿所以勸士也不得其志爾君子之仕行其義也故不憚煩訏陳力就列冀得志以供國用然貧窶艱苦妻子愬飢何以報

其平生乎此不得志之義也

出自北門憂心殷殷
賦也北門凶門也周處曰古之良將受命凶門而出是以軍事北出因以自歎也

終窶且貧莫知我艱
久而不免窶貧故曰終窶亦貧也有陋而不能為禮之意子路曰傷哉貧乎生無以為養死無以為礼是窶也

已焉哉天實為之謂之何哉
言其苦恨甚以著衛君之棄賢忘勞也非主忠臣安命而言之

王事適我
此王事主軍事與北門呼應禮樂征伐自天子出故詩中王事言軍旅征役鴇羽四牡采薇杕杜北山出車可考喪大記既葬君言王事不言國事卒哭而服王事此雖汎言亦有金革之事

政事一埤益我
埤厚釋詁文又有附也增也之義

我入自外
入字與上出字映帶

室人交徧讁我
愬米鹽麻布之覓或如女嬃之於屈子

已焉

哉天實爲之謂之何哉出則適我入則讁我召南大夫出入委虵之皃

王事敦我政事一埤遺我敦猶增也重也遺猶委也我入自外

室人交徧摧我摧挫也殘也辭爲苦大雅先祖于摧已焉哉天實爲

之謂之何哉樛木樂君卷耳知勤勞而汝墳殷雷閔其君子而勸勉之綠衣傷日月窮而北門忠臣莫知其艱而室人亦讁而摧之公室治乱之皃也

北門三章

北風刺虐也北風雨雪是威虐之比也衛國並爲威虐並者爲卒章發也康誥惟威惟虐大放王命此周公所以戒康叔也今而棄是大訓矣百姓不親不親附於上莫不相携持而去焉召誥保抱携持厥婦子徂厥亡

北風其涼雨雪其雱比也涼言風勢寒也雱滂同言雪霰滂沱也以比刑政威虐

惠而好我攜手同行惠好是威虐之反疾虐政而恩惠君與子恩思我褰裳涉溱同○周召之化日辟國百里隣邦親之如父母而今衛則先君之赤子皆棄墳墓而去矣

其虛其邪既亟只且弟子職志毋虛邪行必正直此在位正直之反此虛猶奪魄塗有餞莩而不知發之類邪不正直也亟言國之危難朝不及夕也亟只蓋與樂只一語法王風其樂只且○北風刺國政皆止於北北風蓋淫亂之禍民流而用刑嚴遂至威虐失民即仁如騶虞之反

北風其喈雨雪其霏喈言風声烈也霏言雪華紛落也小雅如彼雨雪先集維霰

惠而好我攜手同歸同行去是地也同歸適彼土也

其虛其邪既亟只且釋訓其虛其徐威儀容止也蓋言不知憂而脩容閒徐弛將言從事外觀而中空洞

以不敏敍要之毛詩作
邪考之弟子聯甚明

莫赤匪狐莫黑匪烏比也見赤皆狐見黑皆烏以比在位皆奴才焉惠而好我攜手同車卒章變語法朱注貴者亦去其虛其邪既亟只且

赤狐黑烏狀虛邪之貌甚於高呶大罵所以為去國之詩也齊之砥鵝之亂亦同調周南葛之覃覃桃之夭夭雎鳩關關黃鳥喈喈渾是陽春富貴之氣象胡曾有涼風雱雪烏狐滿庭之景乎

北風三章

靜女刺時也刺時之淫行衛君無道宣公納伋之妻夫人無德

宣姜旁淫不歸二句言風之自且亦是詩風切宣公之意○末無助字必非闕失柏舟一例

靜女其姝俟我於城隅靜女自淫夫之辭私約而期以城隅愛而不見

搔首踟躕女中悔而不至淫夫獨徒愛慕躑躅狀其醜態之甚也

靜女其孌貽我彤管彤管考左傳毛公得古義女貽以彤管者欲其悟所以背約於城隅也

彤管有煒說懌女美男子不悟彤管之意得貽而喜甚曰靜女姹宴可愛貽我如是彤管煒煒然美哉轉愛慕予美之美也

自牧歸荑洵美且異女閑之悄然態之及出而遊于牧以所掇之荑托人贈之自牧遥寄之辭異於相謔贈芍華則終負約而不復會也

匪女之爲美美人之貽男子又得貽而喜曰予美有郊外之遊貽我以茅針既美且異故有以懷我手澤所存如執其手我非曾悅女美此是美人之美意也此男子惑而終不悟女意矣君子曰城隅之約固蠢也彤管之貽可取焉耳乃作靜女之詩以風時曰丈夫子不可不戒女亦然人奉虛言以望誠搔首踟躕不亦醜

乎如此而是詩刺時風宜公之意了然矣

左傳靜女之三章取彤管焉古義合符

靜女三章

新臺刺衛宣公也與二子乘舟辭之故降而在此納伋之妻公自納之也與下篇對故曰伋作新臺于河上而要之李三山云遺趾尚存案大勤民力而民怨可知又在春秋初其稱衛伯亦可知國人惡之而作是詩也墉有茨曰國人疾之並甚之也是詩宜姜之無德人所不知故詩閔宣姜而惡宣公〇新臺鳥獸之行在九代之法罪無大焉大司馬所以六師滅之也淫亂之禍至此而康叔土宇變爲戎更毒哉

新臺有泚河水瀰瀰齊女來臺既新又玼然鮮明枕河水而起眺望亦美故喜而就之燕婉之求籧篨不鮮新知樂謂之燕婉之好古詩燕婉又良時燕相安樂

也婉婉孌相遇也齊女求燕婉之好而來則臺上有龜胸醜惡已甚之人惡之也晉語籧篨不可使俛以君況是僂病者故序曰國人惡之鮮少也不鮮言非尋常僂人

新臺有洒河水浼浼洒高峻也爾雅望厓洒而高岸夷上洒下漘案洒猶陗也臺臨水高峻浼浼蓋水流平也**燕婉之求籧篨不殄**不殄不可棄也大雅不殄禋祀

魚網之設鴻則離之興也水邊景物以興求燕婉而得戚施焉鴻大鳥離而毀網故惡而新之**燕婉之求得此戚施**辭之主角愈甚晉語戚施不可使仰是配背之疾也○品邶國十九篇新臺衆舟其辭殆有遜色然以是終邶國者蓋取諸其義而不求備於辭歟

新臺三章

二子乘舟思伋壽也此麟趾之反也古之録詩者至此而何限感傷嗚呼亦何

限戒垂

衛宣公之二子爭相爲死豈非振振佳公子乎其何以死國人傷而思之而作是詩也下而字今行鄭本有汲古諸本皆無足利古本則有序例必用故字而字曰故作是詩也凡十七曰而作是詩也凡十五則無者涉上而字脫之明明無疑必用故字而字亦可以見君子作之也

二子乘舟汎汎其景考左傳二子不必同乘詩之辭不拘然渡河之後壽載其旌以先亦不可知願言思子中心養養釋訓悠悠洋洋思也疏引之云洋洋養養同案養養又猶漾漾心隨湖水共悠悠之意傷其既死之後而詠其瞻望之貌殊爲情至

二子乘舟汎汎其逝景亦不見願言思子不瑕有害大雅不遐有佐不遐有愆邶風二出皆作瑕毛傳並訓遠則不遐近也國語遠於得政古言可例言其必有殺

害也。二子者順人也。生當麟趾之時，沐以王化，則信厚振振以成其身可知也。而今為父母所害，皆死於賊之手，三綱以滅，淫亂之禍至斯極，不亦慘乎。故以終邶國，以反應麟之趾、關雎之應也。

二子乘舟二章

邶國十九篇

柏舟　綠衣　燕燕　日月　終風

擊鼓　凱風　雄雉　匏有苦葉　谷風

式微　旄丘　簡兮　泉水　北門　北風　靜女　新臺　二子乘舟

柏舟，關雎好德之反。綠衣、燕燕、日月、終風，賢妃憂傷，則關雎、葛覃、卷耳、鵲巢釆蘩之反安嫡妾乱則樛木小星江有汜之反也**擊鼓**嫡妾乱賢妃窮之所致也暴子殘國則併與燕燕日月終風皆麟趾騶斯芣苢之反**凱風**卅蟲以礼自防之反**谷風**桃夭宜室家之反**靜女**私約則摽有梅之反也廣行露死麕之女亦反是**雄雉**漢軍旅怨曠則桃夭釆蘋之反也曷云能來則汝墳殷靁之反也**匏有苦葉**公與夫人並淫乱則関雎鵲巢諸篇之反**式微旄丘**甘棠行露之反**簡兮**兔罝羔羊之反**泉水**樛木桃夭小星之反**北門**出入艱苦則羔羊之反也莫知我艱則卷耳之反也室人謫我則汝墳殷雷之反也**北風**威虐則仁如騶虞之反也離散則父母孔通之反也虛邪則在位正直之反也烏狐滿朝則發人衆多之反也**新臺**二南正始之大反**二子乘舟**麟之趾之反

右邶國反應二南之大凡也

毛詩考卷三

毛詩考卷四

鄘國第四

栢舟共姜自誓也非夫人故不冐國州吁役壽一例自誓是自傷自見一例衛世子共伯蚤死蚤死則可以再嫁也史記衛武公路士殺共伯姜矣序可以白獻聖千載之寃也頃公子為僖公共伯武公並僖公子其妻守義可以嫁而不貳父母欲奪而嫁之奪其志也誓而弗許故作是詩以絕之也決絕而使父母不復我也口也字今本闕據足利古本補

汎彼栢舟在彼中河興也栢負木自興中河興兩髦舟之為物載重致遠大濟民用亦於水以覆以沈以摧為虀亦於水浮沈未嘗離水者是舟也共姜於君宋為死生不改其節所以

興於栢舟也、陳比興者、不能味汎彼字、**髧彼兩髦、實維我儀、**髦以髮爲義、髻夾囟、垂至眉上、兩髦則父母俱存、周語丹朱馮身以儀之、生穆王焉、**之死矢靡他、**自誓其終身無他心、**母也天只、不諒人只、**母、我所天也、而不以我爲諒也、爲怨言以絶之、猶曰母氏若早寡、又將棄大人而去乎云爾、女子之詩、言母爲切、○是詩言女子從一之義、

汎彼栢舟、在彼河側、或中或側、汎然不離河、**髧彼兩髦、實維我特、**特猶曰一人也、辭愈切、小雅不思舊姻、求爾新特、**之死矢靡慝、**以再醮爲慝、辭愈烈、**母也天只、不諒人只、**朱注不及父者、疑獨母在、或非父意、不敏何必及父、

栢舟三章

牆有茨、衛人刺其上也、刺頑與宣姜、則刺君亦在其中、所刺非一、**公子**

頑通乎君母頑之君也母也道語嚴於斧鉞是詩先於君子偕老參之艶葉靜女序宜公在日頑通之也**國人疾之**左傳惠公之即位也少齊人使昭伯烝於宜姜不可強之蓋齊人聞頑之通使烝之否則使兄黔牟烝亦可頑不可者虛飾耳若二國胥命而結昏則春秋烝報甚多何獨疾頑**而不可道也**以為不可道也過之小者可磯大者可怨唯是醜声無可如何故曰不可道也疾之甚一言盡之非漫然提詩句

牆有茨不可埽也興也埽之却傷墻**中冓之言不可道也**中冓據應邵顏師古則材構在中猶曰牀笫之言又韓詩中冓中夜也本又作遘大雅征以中垢毛曰闇冥也韓曰闇行也垢冓音通則幽闇隱密之義欤**所可道也言之醜也**風意既露宜公實如靜女之痴男子也醜辱毛繫君言之非説詩之法也風刺之詩只是汎然賦之

牆有茨不可襄也攘之剔之之攘中冓之言不可詳也詳仔細說之也所可詳也言之長也其說長而不易仔細

牆有茨不可束也束束而去之也中冓之言不可讀也讀亦語說也莊子以言讀其所自化又孟子為王誦之列子順塗而詠之古雅相肖所可讀也言之辱也三章之辭無深淺但一意而三反所以為深也

牆有茨三章

君子偕老刺衛夫人也惑宣姜而与公子頑姦故書曰衛夫人宣与与鶉奔序參考夫人淫乱失事君子之道明是宣公在日之事故陳人君之德服飾之盛宜與君子偕老也与陳古者具文不同

君子偕老副笄六珈副首飾編髮以覆首也褘衣而副於六服為第一是詩以六服之序成篇祭統君卷冕夫人副褘是非必王后祭義夫人副褘受蘭凡夫人亦有褒衣是詩以其最盛者言之笄衡笄六珈以玉加笄其數六垂於副之兩旁當耳其下以紞懸瑱委委佗佗如山如河委佗尊嚴徐遲之美也如山巍巍如河洋洋象服是宜象法也是句屬上則德稱其服也今緇衣之宜同屬下則雖宜而不淑可乎猶今子宜之子之不淑云如之何猶曰子之苟不淑將如此象服何言非淑女淑姬不當是服飾也楚語周而下淑

玼兮玼兮其之翟也六服之序褘衣揄翟闕翟鞠衣展衣緑衣首章褘衣二章二翟卒章展衣是詩人主意玼鮮盛與新臺有泚同鬒髮如雲不屑髢也美宜善之

纍質也序可參觀玉之瑱也象之揥也瑱懸珠也揥以揥首揚且之晳也宜善眉上廣且色白晳也胡然而天也胡然而帝也胡然只是驚賛之辞不必説服飾故也山河天帝皆汎然形容之讀者宜逆作者之志而知其趣矣

玼兮瑳兮其之展也瑳玉色鮮白切磋或作瑳展衣其色白六服第五蒙彼縐絺是紲袢也蒙蓋蒙衣之蒙既服展衣蒙首以裝飾未縐絺而綢袢其展衣或是堂下之間明鮮子之清揚揚且之顏也清視清明也顏顏角豐滿也展如之人兮邦之媛也釋訓美女美士對則媛不啻色一國第一女可以配一國至尊頬称宜善之美色者所以歆動之而使自戒也

君子偕老三章每章変句數亦異格或以揚且之晳置象服上為章八句非也

桑中刺奔也君子作詩風時背故曰刺奔而後世謂之淫奔之詩亡國之音毋哉僞子貢傳公室無礼衛人刺之賦采唐猶篤**衛之公室淫乱男女相奔**繫一人之本以言之**至于世族在位相竊妻妾**左傳異哉夫子有三軍之懼而又有桑中之喜宜將竊妻以逃者也**期於幽遠**沫之桑中上宮淇上**政散民流**

而不可止然然今本闕拠孔疏所引定本補然焉通○桑中有亡國之音政散民流而士大夫遊謔其地宜淫不諱以樂亡國之音故序繫是辭以著衛至此遂為亡國也樂記義疏云詩序摘一釆唐以實桑間毋矣既曰刺奔又以實桑間理所必無宋說魅人

爰采唐矣唐一名蒙又曰玉女出爾雅又本草有益氣力添精之說唯首章似有所義如小雅黄鳥之例**沫之鄉矣**紂所都朝歌是也**云誰之思美孟姜矣**三孟

不言姬故序曰妻妾期我于桑中穆天子傳觀桑者乃飲于桑中郭注桑林之中樂記疏桑間桑林之間案宋桑林亦出左傳諸書墨子宋之桑林齊之社稷男女所觀也要我乎上宮送我乎淇之上矣要有趣言迎而要之其途

爰采麥矣沫之北矣唐山生麥野生葑圖生蓋漸近人家而相謔之序也云誰之思美孟弋矣春秋定姒公穀作定弋朱子抛之云蓋杞女期我乎桑中要我乎上宮送我乎淇之上矣桑中士女相謔之地其往也要之上宮其歸也送之淇之上

爰采葑矣沫之東矣三章皆一例然亦首章奇而二三成偶處不可不著眼唐也鄉也孟姜也不同二三云誰之思美孟庸矣弋氏庸氏不顯蓋時有其人而詩人

詠之欲期我乎桑中要我乎上宮送我乎淇之上矣三章凡九十九字所換僅九字而已淫泆之甚次王黍離者也

桑中三章

鶉之奔奔刺衛宣姜也刺其爲頑妻也宜与衛夫人比觀焉刺宣姜始於匏葉終於鶉奔傷衛國宜姜之惡也猶鄭風之忽衛人以爲宜姜鶉鵲之不若也發明鶉鵲之比也

鶉之奔奔鵲之彊彊比也奔奔非耦相犯則奔而避之也彊彊儆而不從也表記所引古義可徵言其知避非耦以比宜姜不若鶉鵲晉比互體也○左傳鶉之賁賁天策焞焞此取於詩言鳥星如翔之勢人之無良左傳引以當羊斟古義可見宜姜既失貞於宣又汚節於

頑全不若鶉鵲者**我以爲兄**詩人云以無良之人爲兄則爲之弟不亦難乎其辭止於斯而已故言之者無罪使頑闇之則已爲君之兄足以戒也詩不可迫切說之

鵲之彊彊鶉之奔奔表記以徵君命逆則臣有逆命**人之無良我以爲君**陸佃云兄女兄也娣刺宣姜之詞君女君也妾刺宣姜之詞案是說說優柔不迫得詩之方然宣姜本衛之小君也使其聞之其顙將爲闔國泚矣何獨羞於妾已哉

鶉之奔奔二章

定之方中美衛文公也是詩成於文公季年或歿後者先於蝃蝀三篇輯錄之意也**衛爲狄所滅**左傳遂滅衛**東徙渡河野處漕邑**漕衛下邑**齊桓公攘戎狄而封之**提齊桓公明是孔門遺筆微桓公康叔之國爲

狄子曰我其被髮左衽盛哉霸功文武賴之文公徙居楚丘文公避乱先適齊始建城市在二章而營宮室在首章得其時制時个制度也百姓說之因匪直也人國家殷富焉因騋牝三千

定之方中作于楚宮夏正十月營室昬正而作宮室于楚丘也書云營于桐宮揆之以日作于楚室立八尺之臬而度出入日景以定東西又參日中之景以正南北大雅既景廼岡樹之榛栗籩實也椅桐琴瑟之材梓漆以供器用爰伐琴瑟只是因梓桐以美備緣之遠

升彼虛矣以望楚矣將建城市宮室故親升古墟以觀楚丘望楚與堂景山與京晉語景霍以為城注景大也朱注山名見商頌降觀于桑劉瑾云衛

詩多言桑如桑中氓及此此蓋衛跨冀兗二州桑其上所宜此其桑土乎**卜云其吉終然允臧**然焉同晉語安齊而有終焉之志人謀既從鬼謀亦從於是文公曰是必終有藏於邦家矣與爰伐琴瑟語意同並期於年後之辭也

靈雨既零靈猶祥風之祥此言宮城既成之後**命彼倌人星言夙駕說于桑田**倌人主駕者也桑田桑陰田間也文公務材訓農通商惠工以勉富國之事詩言其勤勞於農桑也**匪直也人**百姓悅之戶口歲增**秉心塞淵**文公即北風虛邪之反**騋牝三千**以秉心塞淵故匪啻人民繁盛國馬亦蕃殖至於三千也騋牝取其大午辭之美也三千因王馬之大數侈言之也左傳元年革車三十乘季年乃三百乘

定之方中三章

蝃蝀止奔也應桑中刺奔衛文公能以道化其民相鼠亦曰能郕序曰夫婦失道曰衛君無道淫奔之恥人始知恥國人不齒也主男子言之詩則專言女子也已序之周密豈不盡善者乎

蝃蝀在東莫之敢指比也蝃蝀比淫少莫指不齒也淮南子天二氣則成虹注陰陽相干窠日氣雨氣相犯成虹故取譬也女子有行遠父母兄弟一以告有適人之道一以喻父母報恩不過半生也

朝隮于西崇朝其雨比也隮升氣即虹也猶南山朝隮隮比淫行雨比汙辱曰朝曰崇朝比纔有淫褻之端則汙辱直及其身也風規之意切矣此雨猶行露之露女子有行遠兄弟父母先東而後西先父母兄弟而後兄弟父母脩辭之敘也

乃如之人也懷昏姻也
遠父母之身而妄念踰牆也君子偕老之展如之人明明叒上文宜參觀語例
大無信也不知命也
信所謂貞信也見行露序命天分也卒章直言不汙猶行露文公之明明大可見王世貞云句法大庸是詩之疵也噫未嘗知風雅者耳

蝃蝀三章

相鼠刺無禮也
刺失君子威儀也乎野有死麕序異
衛文公能正其群臣
左傳衛文公敬教勸學相鼠干旄即其效也
而刺在位承先君之化
宣公時礼義消亡惠公懿公皆闇君也餘風未殄
無禮義也
義儀也與詆序異肆師職治其礼儀以佐宗伯注故書儀為義義讀為儀古者書但為義○蝃蝀化國人也相鼠化士大夫也故序文映帶可玩

相鼠有皮人而無儀 興也以鼠且有皮反興人之無儀焉深疾之赤狐黑烏爰如克耳是無威儀也 人而無儀不死何為 人而不若鼠則不死而何所為

相鼠有齒人而無止 止容也大雅淑慎爾止不愆于儀釈訓藹藹濟濟止也注盛多之容也 人而無止不死何俟 洪範五事貌為第一君子何不慎於止

相鼠有體人而無禮 礼礼儀也子曰礼者體也 人而無禮胡不遄死 變何為胡且變句法承上駢儷語殊厲急所以為卒章也無礼亦嚴於無儀無止口鉋葉靜女其辭隱微上淫乱故也今文公好礼好正故君子見無礼不正之人得極言責之如是矣公室昏明之反人情窮達之分大議論所繫而詩之興觀在此

相鼠三章

干旄美好善也百爾君子不知德行不好善也至於此而北門忠臣得其祿簡兮賢者樂忠告也衛文公之臣子之字今本闕據足利古本補旄丘二子乘舟可參多好善旄也旟也旐也或郊或都或城非狀其多乎賢者樂告以善道也何以畀之何以告之是樂告也妙解善道說忠告善導非也猶以繳詔王

孑孑干旄在浚之郊孑孑旗竿特出貌郊都城詩之敘也旄旟旌會韵耳素絲紕之良馬四之紕素絲為轡而四馬翼如也轡有絲有索此其絲者六轡如絲索轡也二句言大夫車馬之儀而所謂干旄之忠告在此彼姝者子猶曰美人東方之日可參何以畀之何以說與之乎亦唯目前所見紕絲御馬之道是足以臨民治國尚監於此哉

孑孑干旟在浚之都爾雅錯革鳥曰旟言畫屬疾之鳥隼於縿也郊野外都邑中城

城中蓋著賢者漸近於人也

素絲組之良馬五之

紕以造組也四馬轡其實五六逐數侈言以著其不上四馬雖五六亦易易從手也子曰雖天子可乎何唯魯國而已此言治中都之法也

彼姝者子何以予之

家語鄭詩曰執轡如組兩驂如舞孔子曰為此詩者其知政乎夫為組者總紕於此成文於彼言其動於其近行於遠也執此法以御民豈不化乎竿旄之忠告至矣哉拋是則旧說未悉可知

孑孑干旄在浚之城

尔雅注旄首曰旌言著牛尾若析羽於竿首也旄旌在上旟在其下三于一也至丈

素絲祝之良馬六之

祝織而為組也毛傳必有所拋大夫無五六其馬之理但意有所主故侈言之不求其意可乎

彼姝者子何以告之

左傳竿旄何以告之取其忠也家語合符

干旄三章

載馳許穆夫人作也是詩先定之方中蓋二十餘年錄在編末繫之許夫人故也與泉水竹竿不同儘与木瓜猗嗟似閔其宗國顛覆自傷不能救也是序江有汜一例閔而自傷詩之大義也衛懿公爲狄人所滅以下是廣說也滅云亡云云言國析斷絕國人分散露於漕邑左傳立戴公以廬于曹許穆夫人賦載馳許穆夫人閔衛之亡傷許之小力不能救閔傷重出大義所繫廣說演首句之例思歸唁其兄又義不得唁兄在首章而却為餘事此此序深中正鵠者故賦是詩也上有作字故曰賦

載馳載驅歸唁衛侯衛侯必是戴公而非文公宋桓公迎其遺民而許師不出穆夫

人必不能安居也春秋齊侯唁公于野井

驅馬悠悠言至于漕 與泉水遄臻于衛一意豈其至乎漕乎

大夫跋涉我心則憂 衛夫人告難四方者奔走發舍我不勝其憂思歸唁哉思至于漕哉首章二章直披腹心卒然說起以撲篤不可已之情其實歸唁衛侯是義之所不得也何嘗以是怨許人乎序之例首句提其要而歸唁之事不及說者何不察之

既不我嘉不能旋反 與許人左之應但突如有天墜之勢故人人眩之旋反旋濟毛公朱子並通

視爾不臧我思不遠 左傳后帝不臧又帝用嘉之

既不我嘉不能旋濟 伐木之二章一例章法

視爾不臧我思不閟 不嘉不臧乃許人左之也然所謂我所之豈歸唁之謂乎唯其辭婉似深怨不得歸唁者故說者不能以意逆志使是詩曼漶不了胡不就序明解而辨惑焉

陟彼阿丘言采其蝱出遊寫憂也蝱療鬱結之疾子在根下如聚貝子女子善懷亦各有行多思憂悶不能速自了斷乃是女子之常態然亦各有其道存焉不宜以愚婦人故態度視之許人尤之衆穉且狂稚而狂妄所以不及女子也穆夫人欲救衛之敗而許人無與盡其心者是夫人所以怨望也縱國小力寡抑豈不可控告於諸侯乎宋桓公其私也蚤已出師逆衛遺民于河奉兄戴公以勤宋國則夫人之切望不亦宜乎稚狂以目之其情大可見矣鄭公且不違序意況他乎○左傳沈胡之君幼而任似因是詩幼稚必多妄

我行其野芃芃其麥向丘往來所見也哀心在中則芃麥亦唯覺其悽涼耳此寫許之小也蝱四月采之即麥秋也詩所詠大氐可時去年十二月衛滅今年為戴公元年以夏正推之戴公在位亦數月控于大邦誰因誰極始露出其中心也大邦蓋指齊桓公

也誰因誰極非女子所能為也左傳𦯀焉傾覆無所控告

大夫君子無我有尤君子亦在位也皆訛不可如何而坐視宗國之亡夫人雖飛騰起乎如家耳故曰無有咎我思歸唁果其情私辟如佛肸召子子欲往仲尼豈往乎夫人豈歸乎故亭曰又義不得

百爾所思不如我所之邶詩百爾君子猶曰凡百君子所之言思之所之也衛大夫跋涉不居而許大夫則褎如充耳故致是思以貽凡所以款言於京國也詩自許來故衛采錄之以附鄘風之末矣○旧說以卒章為八句然控于大邦左傳以為戴馳之四章者再出而不曰卒章朱子改定未確今分為二章似復古

載馳五章一章六句言首章**一章八句**言第二章**一章六句**言第三章**二章章四句**蓋言第四章卒章上下二句倒

鄘國十篇

栢舟
牆有茨
君子偕老
桑中
鶉之奔奔

蝃蝀
相鼠
干旄

毛詩考卷四

毛詩考卷五

衛國第五

淇奧美武公之德也鄭初篇曰緇衣美武公也故此添之德二字以相変左傳曰衛康叔武公之德非敦古序首必不能信命言有文章藝丈威儀又能聽其規諫切磋琢磨以禮自防瑟僩赫咺戲謔不虐以礼制心所謂德也故能入相于周寬綽而重較美而作是詩也

瞻彼淇奧綠竹猗猗興也以綠竹之美興君子之有文章焉奧厓内即水汭也猗猗新竹柔美皃有匪君子如切如磋如琢如磨學而自脩也子曰於淇澳見学之可以為君子也瑟兮僩兮其德恂慄於中也瑟慎密皃僩嚴毅皃赫

兮咺兮（威儀赫咺於外也赫顯明貌咺宣著貌）有匪君子終不可諼兮（盛德至善民之不能忘也所謂德音不忘者）

瞻彼淇奥綠竹青青（猗猗言其態青青言其色如簀言其形狀陸佃云竹初生其色綠長則綠轉而青矣）有匪君子充耳琇瑩會弁如星（琇瑩与瓊華一語例瑩榮也榮華也夏小正多出會弁鄭公得之武公有文章儼然人望而畏之如星瞻仰之狀也○參考鳲鳩卿士纂飾異於凡諸矣故存疑）瑟兮僩兮赫兮咺兮有匪君子終不可諼兮（四句出首章二章而猗猗青青亦耦四如出首章卒章而如簀卒章獨奇錯綜成篇）

瞻彼淇奥綠竹如簀（爾雅簀謂之笫蓋簀物也四如亦物也）有匪君子

如金如錫如珪如璧前四如言学脩之日進也此言学脩之成就也寬兮綽兮言寬弘協于王官也猗重較兮朱注猗嘆辞也宋頌公猗與那與猗與漆沮晋語猗兮違兮釈文猗依也亦通立車依較重較毛公必有傳車別有是製也式低較高如重之說不了善戲謔兮不爲虐兮此亦武公之性度也自寬綽出曰出重穀曰重而角亦善謔也虐言過節爾雅謔浪笑敖戲謔也如州吁者是爲虐也

淇奥三章

考槃刺莊公也武公子也刺莊公是所以作是詩之志也詩之辞則子曰於考槃見遁世之士而不悶也鄭朱並昧古義不能繼先公之業相鼠曰先君丈相変不苟使賢者退而窮處也也字今本闕據足利古本補窮窮達之窮也猶曰窮處

考槃在澗碩人之寬

考槃宜從毛公最古楽以忘憂
特以終身故曰考在宗載考之
考寬故不悶其辭也然昔武公寬以重較碩人亦
存其旧德可以在上位惜也不論政於本朝而獨
言於澗谷此言外鼓舞
而不能継業者亦見

獨寐寤言永矢弗諼

寐寤
猶生
臥也寐寤於澗中而放言也弗
諼不忘是累也弗過弗告皆同

考槃在阿碩人之薖

韓詩作[亻咼]美良寀薖軸相偶則
薖是轂過之過欵字又作[車咼]作
輠是車之盛膏器也車行必載是器常以膏塗軸
使迴轉滑易雜記以杖閑轂而輠輪注輠迴轉也
攄是則碩人不過迴轉其心而
安於窮也不承權輿之意自見

獨寐寤歌永矢弗過

獨坐臥於中阿而詠歌亦足
矣我庶乎不過於是槃而已

考槃在陸碩人之軸

回轉其心以進肥遯而不遯遯
也子華子車之軸車由是以相

運也。**獨寐寤宿，永矢弗告。**野處獨宿而足矣，何就外人語是槃乎？○在澗遠適也，而何而陸？漸近於人，非極日之力而去，此綽綽有餘裕者。苟莊公而反之，何必澗乎？何亦有之。何必何乎陸？亦有之。

考槃三章

碩人，閔莊姜也。莊公既卒，故獨閔姜氏，與黃鳥哀三良同。**莊公惑於嬖妾，使驕上僭。**州吁之母。**莊姜賢而不答，**左傳曰美而無子。序曰賢，曰終，大有發明，美出詩中。**終以無子，**終云，則莊公死可知。**故國人**一本無故字。**閔而憂之也。**也字今本闕，擬足利古本補。憂之，亦卒章之義也。既閔莊姜，又為國家憂之。

碩人其頎，衣錦褧衣。褧即姍，加景之景同。是句又見丰詩，則蓋莊姜始來嫁之裳也。

○首章陳莊姜之尊族類之盛以閔之**齊侯之子**蓋齊莊公購之女也鄭語齊莊僖於是乎小伯**衛侯之妻**據史記莊姜来嫁在衛莊公五年武公餘烈為諸矦雄**東宮**

之妹蓋適夫人之女也**邢侯之姨**邢是周公之胤也**譚公維私**譚子爵故曰公晉公燕公之公

手如柔荑柔沢而白○是章陳莊姜之美於色以閔之**膚如凝脂**白而津**領**

如蝤蠐白而長七辯云蝤蠐之領何那宜顴**齒如瓠犀**潔白而齊比**螓首**

顙廣而方**蛾眉**細而長曲**巧笑倩兮美目盼兮**倩好口輔盼白黑分

碩人敖敖說于農郊敖謷囂音義並同敖敖言其從如雲車馬殷轔也猶選徒囂囂

郊農父所耕故曰農郊以著百姓聚觀歡慶之說近郊者特因說于此以朝非農義也蓋郊有離宮

别館夫人就而税駕君亦親迎于斯欤○是章言以礼来帰竃君於始以閑之

四牡有驕朱幩鑣鑣朱幩周礼所謂朱總欲以縉為之著馬勒王后五路重翟第一朱總厭翟第二續總鑣鑣猶駟介麃麃行人儦儦言馬壯而朱幩飛揚也**翟茀以朝**以翟羽飾茀簟茀一例茀後户也周礼鄭注引是云蓋厭翟也案厭翟而朱幩蓋如士昏礼攝盛也重翟其羽二重厭翟相次猒其本**大夫夙退無使君勞**言莊姜之有竃於君也朱注以為國人謂諸大夫之辞亦通有竃於君之意則同

河水洋洋北流活活卒章言齊之可以為國大援以憂之**施罛濊濊**罛最大罟也朱注濊濊罟入水声也**鱣鮪發發**鱣大者二三丈鮪大者七八尺**葭菼揭揭**茁然上擢之皃**庶姜孽孽庶士有朅**言公族之盛于兵賦之武也孽孽蕃

行良二句不閑莊姜于歸毛鄭未審序意

碩人四章

氓刺時也刺時之淫乱也宣公之時禮義消亡此札義不与相亂同表宜公旹繫一人之本也淫風大行武公以礼自防而莊公使妾上僭礼義一壞遂致是消亡男女無別因貿絲謀室家遂相奔誘送子涉淇華落色衰復相棄背華落自桑之落黕化来黄而隕是色衰也戰國策以色交者華落而愛渝棄背至于暴也或乃困而自悔喪其妃耦君子為是女序其事也困言見棄而身癈也左傳引是詩曰士之二三猶喪妃耦據是則喪妃耦之荒是詩古之遺文可知故序其事以風焉是詩之體在此人皆知衛之有氓猶邶之有谷風而無知其所以異焉唯序則

明明
哉美反正刺淫泆也美亦刺中之美也反正言因
悔止奔之女也為是女作是
詩狀其悔過戒人之至切以風時之淫泆不反者也
君子曰靜女三章取彤管焉取云美云並可以闢
古言古意矣是時有七子之母而醜声不已
世族在位而互竊妻妾是以君子論其世爾

氓之蚩蚩抱布貿絲氓亡民也初未面相識故邂其
初而為是怨辭也蚩蚩毛曰敦
厚朱曰無知皆通但主其有可信之色而用是
辭也布或曰貨布或云麻布皆通貿絲在孟夏匪
來貿絲來即我謀遠來而與
我謀也送子涉淇至于頓丘
子來而摟我故我起而從之然草率之
行慮有阻撓欲歸而告家人至此而別匪我愆期
子無良媒頓丘之別結言如是氓本欲直奔為犬
子丈君然女則有待於父母媒妁故至
頓丘而反氓不悅故女曰此非我敢愆前約之期
也子無媒而摟我顧念事情是謀不得不延數月

耳

將子無怒秋以爲期霜降而婦功成嫁娶者行焉家語荀子有是說則不必止仲青也孟夏期秋以待於父母媒妁則加文君一等

乘彼垝垣以望復關別後之相思也何必說及期乎復關蓋關門名照上涉淇表出氓所居是篇設一去婦實境詠之所以于它篇異也

不見復關泣涕漣漣此復關指氓之身也待之而不來

既見復關載笑載言氓來則歛涙言笑否則不言不笑矣頓丘之後氓亦源源而來是六句所以悔于士耽也

爾卜爾筮體無咎言秋期既至氓所卜筮並無咎也

以爾車來以我賄遷以爾車而來親迎故我亦具我奩裝乘爾車以遷復關以礼成昏也是女雖初私約夫迎之妻從之則父母許之兄弟可之可知矣如是則宜若可保室家然此詩人摸寫之妙也

桑之未落其葉沃若比也比己之総角容色光沢焉自黄隕之後言之故曰未落而又有幾何不落之意以下皆自悔之辭

于嗟鳩兮無食桑葚興也食葚過則醉桑幾何不落華落而見棄勿恃須臾容色而從輕薄少年

于嗟女兮無與士耽士言男子士也罔極斥其夫不必拋荀子處女莫不願得以爲士語以爲未取妻者之稱韓非子其妻私通於士其夫早自外來士適出此隨便用字耳

士之耽兮猶可說也白圭之玷尚可磨也一例

女之耽兮不可說也朱子以是詩爲淫婦自作則固當多妄言而至是向却爲淫婦解嘲何居惇序者矛盾若是左傳表記坊記並引是詩取義以其言出君子故也若是淫婦之言何以爲義之府乎

桑之落矣其黄而隕比也比華落色衰焉此所以見棄也

自我徂爾三

歲食貧三歲言久也猶三歲貫女食不充則色亦不悅懌誰使我黃而隕者邪淇水湯湯漸車帷裳比也方於深泳於淺之意惟裳自蔽而下至軫者以車涉深水帷裳沾濡困苦亦甚矣爲爾貪故奔走拮据艱難我身而得以濟若境就財業也容華亦得不萎乎誰使爾有今日安樂者邪女也不爽士貳其行既涉大川自差安樂則有是佚行淫男子之常態猶谷風禦窮至此始言其猷旧華而鹽新華士也罔極二三其德在詩罔極猶無適也色既衰則更爲異人之色故以黃隕起

三歲爲婦靡室勞矣尽婦道不敢以家事爲勞也連下二句言已無見棄逐之故夙興夜寐靡有朝矣猶曰無朝夕也小雅不皇朝矣言既遂矣至于暴矣言助辭也既遂即既生既育之意百事既遂生業得優也已無失行而見棄逐故曰

暴

兄弟不知咥其笑矣

可憐此去婦既待車而徂則伉儷之義不與奔者同又能一心不爽勤而不勞亦好婦也見棄者憤恨之暴而非婦之罪也兄弟不知已無罪而以為窮淫私逸必又有昔日之姣而不當於夫竊相嗤笑耳

靜言思之躬自悼矣

我欲說事之曲折以自白於兄弟然是事非舌端所能白況昔日之奔隨既已播於鄉人則說之不如不說之愈至此百悔萬苦徒靜思自悼而怨其躬耳所謂不可說也

及爾偕老老使我怨

與爾誓偕老而老則棄我

淇則有岸隰則有泮

比也即總角燕婉之誓也如淇之有岸如隰之有泮生死不相離云爾土地窊下常但洳者曰隰泮其涯也

總角之宴

總角未笄者結髮為兩角也此借言少艾也老言年既長三歲言久皆詩之敘也宜以意逆志宴燕婉也

言笑晏晏信誓旦旦

爾雅晏晏柔也

且且鄭蓋讀為怛怛說文作息朱注明也

不思其反總角之宴斷斷未始念及其反覆也

反是不思亦已焉哉反是不思我所以至斯極也青春可惜嗟女無與士耽自歎悔之不蚤而使聞之者内自省所謂序事以風者是君子立言之妙也○一云總角實未笄也言笑而見復聞笑言也是時思其反是女可以不失身於是泯矣故曰亦已焉哉

是詩宜與采薇之詩並考而求其寓意所存焉首章序淫夫之情必若可信之事二章序迷於不信之人徒自戀傷以礼于歸亦不足賴之事三章序色衰身廢悔恨必及之事四章序淫夫無賴女雖負且勤必不終之事五章序女雖無罪必反覆至于暴不慎始而自致冤結之事卒章序偕老之誓雖怨論骨髓已自取之未可如何為女子者不可不深自慎之事凡六章之言雖借一人之口出之其所序之事每章皆所以風切感悟乎時人也全与采薇之詩同其立格学者須瀝心呻吟序文

氓六章

竹竿，衛女思歸也。首句與泉水同，而廣語則與泉水互相備，嚴哉。適異國，泉水曰嫁於諸侯，是文相變。而不見答，泉水無是句，以此互之也。若安其國，何故思歸。如二詩，思而能以禮者也。泉水曰父母終思歸寧而不得，竹竿亦父母終昔也。能以礼，泉水亦同。竹竿比泉水辭氣頗和平，故序之造語亦和平於泉水矣。

籊籊竹竿，以釣于淇。思昔遊而傷其不可再也。是篇亦獨格，上二句同擧故鄉昔遊，下二句分敘今日情況。豈不爾思，遠莫致之。致之，致思也，猶達也，果也。家語有致思篇。適達而不能致思，託言也。衛女作詩以貽故鄉，爾爾所貽之人。

泉源在左，淇水在右。故鄉山水繚繞在目，思須與漕之意也。泉原，朱注百泉也，得之。

泉源在北淇水在南皆東流而合是亦相像淇水之遊也女子有行遠兄弟父母雖適之遠思或可致然遠兄弟父母女子之分也既已遠之則於礼有不可致思者耳

淇水在右泉源在左反其自而重之前章受以遠父母之礼是章受以事君子之礼其意亦相重

巧笑之瑳佩玉之儺既遠父母移天齊體於君子雖心馳淇泉間巧笑佩玉敢失其礼節乎置是二句而情境之苦大見此亦能以礼者也瑳玉色鮮白前出言笑而顏色鮮發也雖不荅乎不敢嚮陶向隅是敬慎也儺柔順也內則進退周旋慎齊升降出入揖遜是佩玉之節也○朱注笑而見齒其色瑳然案所謂粲然皆笑亦同粲然惡丈夫之容不必說齒

淇水滺滺檜楫松舟舟楫悲昔遊而心從淇水流也駕言出遊以寫我憂首章言其思也二章言其分也三章知分而不息於礼也卒章以礼制心而不自失也我

思之不可致非道之遠也遠父母兄弟者我分也雖不見答敢失容色於君子乎然則抑出遊以遣其悶耳欲叙是情每章先提故鄉遊賞而後發之寂寞無聊滿腔是歸心者見矣此是篇之奇處

竹竿四章

芄蘭刺惠公也惠公讒殺大子伋代立國人不服驕而無禮釈詩中之義大夫刺之實是大夫作也古義可尊惠公立四年左右公子逐之是詩稱童子則在出奔以前七八年復入而作是詩也五字今本闕據足利古本補

芄蘭之支童子佩觿興也李時珍云芄蘭之實尖垂干支間似觿葉后彎似觿故比興焉得之以微草之支間垂尖實與童子之佩成人之觿焉譏其稚弱不稱服也左傳惠公之即位也少杜注蓋十五六雖則佩觿能不我知能不反語也知知遇也言礼待之服

雖成人仍是乳臭能不依賴我濟旧臣而自治軍國之事乎是實大夫之言也芄蘭垂觿依蘿落藤生故造辞如是**容兮遂兮**九章紛容容之無経注飛揚皃漢郊祀歌神之行旌容容注音涌爾雅悉悉遂遂作也注物盛興作之皃**垂帶悸兮**悸説文心動也二句言容皃暴慢而不敬於大臣即驕而無礼也左傳先君有冢卿以為師保而蔑之注不釈皮冠之比惠公甚於献公

芄蘭之葉童子佩韘甚於佩觿佩愈盛曰愈黄**雖則佩韘能不我甲**甲言親昵之爾雅甲狎也狎貫習也人自治事者不依賴人而可矣童子悪能不親昵我而獨立乎軍國有事則必將即我藉力者耳故曰不我狎非童子所能也急来抱佛脚者閒時亦當燒香**容兮遂兮垂帶悸兮**是詩之言始過激惠公將見遂故也蓋驕而無礼大臣不親二公子將奉大子伋之弟以攻之君子見其哉故賦大夫怨毒之甚以切規惠公也

芄蘭二章

河廣宋襄公之母之字今本闕,據足利古本補。二子乘舟、渭陽及旄丘、干旄可參語例。**歸于衛**桓夫人大歸,蓋在東徙渡河之前。**思而不止**思襄公也。左傳敝無存之父欲室之,古簡相似。嚴粲云:衛本都朝歌,與宋挾河,及戴公始涉河而南。河廣作衛未遷之前,宋桓公猶在,襄公方為世子,旧說誤矣。得之。宋桓公御說,賢君也,故雖出夫人,狄人之敗,大勤衛,其義也。宋世家不通是意乎。**故作是詩也**雖思其子甚,亦以義斷之,不至放心邪行,故録是詩也。序与式微一例,有首辭而無後辭。竹竿曰思而能以礼,載馳曰思歸唁,義不得說,已不了。

誰謂河廣一葦杭之一葦,蓋取其葉浮水也。孔疏一葦一束也,非一根,葦加之水上,若桴栰然,然否。**誰謂宋遠跂予望之**非宋遠也,義不得,則不得不自斷也。

誰謂河廣曾不容刀可跳而越之也刀亦取其形似也此不唯一葦抗之舠蓋後世字

誰謂宋遠曾不崇朝夙行而可朝食于宋也跂望在目此句在足愈切

河廣二章

伯兮刺時也刺時之多怨曠也伯兮有狐首句廣辭並有時字其義殊所指

言君子行役君子言夫也爲王前驅摘詩成文感人亦猶詩過時而不反焉三章之意躍如也為王前驅是空閨大懸懸也況過期不反詩故大哀

伯兮朅兮邦之桀兮雄雄之詩其憂思同朅而桀則敢死

伯兮執殳爲王前驅伯也變丈不苟既壯武而成名於邦入敵不退又不可退者也況為天子前驅而執殳乎怨女之憂何止長離別朅一憂邦之桀一憂執殳一憂王一憂前驅一憂亭不言時鄭公饒舌

自伯之東首如飛蓬相經云髪有寒蓬之悴豈無膏沐誰適爲容沐米汁也以去髪之垢膏以澤髪我髪散亂寒痒非無膏沐無心用之是亦以礼自防也

其雨其雨杲杲出日鶴鳴于垤婦歎于室雨則想旅途之苦哀帰期之近晴則反是其雨憂將雨也出日喜方晴也將雨則晴方晴則雨悵望之間徒過時月杳然而無帰日與瞻彼日月悠悠我思一意也言過時而不反即是

願言思伯甘心首疾甘於心而首為之疾也雨日閉伯晴日望帰心不與他事親唯以思伯為悦徒勞心緒而首亦岑岑然

焉得諼草言樹之背何處得諼草而種之北堂之庭矣此摸寫憂之甚也鄭曰欲忘之此辭不偕也朱曰不忍忘此非其義也〇諼草旧說食之使人昏然如醉背蓋後宮後房之意男居前女居後故名

願言思伯使我心痗不唯首疾也心痗則將不能俟君子

之歸所以求諼草也二心字二首字相照廿心而念念不止故心悔首如飛蓬則首疾亦易發

伯兮四章

有狐刺時也

刺時之多喪耦也與伯兮相聯鳴

衛之男女失時二十三十嫁娶之時**喪其妃耦焉**君使民慢而征役煩故也下文以凶荒廣義古意粲然

古者國有凶荒凶飢荒乱也**則殺禮而多昏**荒政十二有眚礼有多昏此殺礼專指昏礼也**會男女之無夫家者**會合也男未娶女未嫁不得成一夫之家也引古礼以駁衛不恤其民也非責其不能举此政也**所以育人民也**

有狐与野有蔓草同是衰世之風也男女之淫有自来矣故二序並責於上而不咎民經義了然

有狐綏綏在彼淇梁比也綏綏無尾貌狐比鰥夫淇梁失所也比失時昇嘗夫失時

喪耦則淫泆之心自萌故比狐**心之憂矣之子無裳**婦人見而憂其無裳也夫狐淫物也出山林而綏綏水梁如有所求者以比男子失時儽儽來作有不肖之心焉女之喪耦者見之憂而思為之作裳其亦生奔心焉爾

有狐綏綏在彼淇厲厲水厓也深可厲之旁**心之憂矣之子無帶**無裳尚有衣也無帶無以束衣也無服衣亦無也逐句而歷言其寒窶之甚也

有狐綏綏在彼淇側是詩以三無為敘而梁厲側會韵耳然求而彷徨之意則全寓於是三字矣**心之憂矣之子無服**以民比狐非智民也刺彼使斯民為狐者也行露愔鼠亦斯民也而使是女悅狐誰之為邪風俗之敗君子有以感於事變故詠情性風之

有狐三章

木瓜美齊桓公也附録也置之編末然奇格也殆似麟趾騶虞所以終三衛蓋有說矣衛之再興齊桓之盛功偉德也衛國有狄人之敗出處于漕一事三出皆変其文自左氏以外未嘗有之孔門遺文上哉須玩其変文各適當齊桓公救而封之首稱齊桓公廣辭又冒齊異國故也它有許穆夫人曾莊公皆同邶鄘唐序法上冒國則下不國遺之車馬器服焉事出左傳國語此句與詩映帶而舉之其實衛之欲報者豈為是物乎衛人思之與異國對故衛風而稱衛人欲厚報之而作是詩也三瓊而輕於三木桓公之德其感人深矣厚報言傾國家勤齊

投我以木瓜報之以瓊琚有人貽我以木瓜其思意思刻不忘我欲報之以瓊琚也玉所以表中誠焉瓊說文赤玉案赤銀之赤言玉之光彩盛也琚佩中一物匪報也

永以爲好也爲好結好也雖以百倍報之未敢以爲報者詠其慇恩之至深也

投我以木桃報之以瓊瑤木桃即桃實也樹桑樹檀語例同瑤美石似玉者公劉有維玉及瑤句王肅得之說文及禹貢傳未足信也

匪報也永以爲好也今日之瓊瑤固不足以報前日之木桃然永々以是結好將以歲月報之幸勿郤之

投我以木李報之以瓊玖木瓜最大而桃而李最小是詩之敘也玖釈文玉黑色是得之琚佩中長博而方者蓋玉石並用而瑤美石而玖美玉皆珮琚之材也所投愈小而所報愈重之敘也毋瑤出大雅珮玖出王風○曰瓜曰琚是奇曰桃李曰瑤玖是偶篇法可玩焉○大雅投我以桃報之以李是詩取於先君武公而點化之

匪報也永以爲好也所謂苞且之礼行者物薄而用可重之謂也遺之以道則感人極深三木以得三瓊比其礼行也

木瓜三章

衛國十篇

變風唯三衛不與諸國同左傳所賦足以觀焉春秋經傳大要詳叙之

淇奧

考槃　碩人

氓

竹竿　芄蘭　河廣

白兮　有狐

木瓜

毛詩考卷五

毛詩考卷六

王國第六

季札觀樂時王既在三衞之後蓋以邶詩亦二南之亞大師深意也且春秋時列國大夫所賦在變風唯衞與南雅匹或云王以衞者恐混於二南故以間之何矣

黍離閔宗周也

唯王國稱閔者四言其衰弱不振也與苕之華閔時并考可以求古衞有閔莊姜鄭有閔無臣閔亂係姜與忽之卒事是已○說者以是為平王時作然序無明文玩其辭後於兔爰葛藟亦不可知錄而在編首者猶定之方中

周大夫行役至于宗周

蓋鎬京為秦地犬戎戰爭之餘荒亂已久

過故宗廟宮室盡為禾黍

禾大名黍赤禾也此草營鳥鳥之例

閔周室之顛覆

苕之華曰君子閔周室之將亡至此雅亡而為黍離序文可玩

彷徨不忍去

詩義悉於是

而作是詩也

彼黍離離彼稷之苗離離猶驛驛其達茀離離靡之離離言其繁出也二句黍稷皆離離而方苗也下亦同說離離黍秀而實非也豈稷三变而黍則依旧乎**行邁靡靡中心搖搖**邁亦行也靡靡須以雨雪靡靡神會之與遲遲自別搖搖蕩而不定也猶心搖搖然如縣旌而無所薄二句是客次二句是主**知我者謂我心憂**以我為心憂也我心聯讀者昧古字例也**不知我者謂我何求**衰廢之甚也先王之磨鞠為禾黍翁嫗在田婦子餉之芃芃乎一曠野無人知吊古者詩人欲提不知我者而先提知我者辞之有含畜也園有桃獨提不我知者而曰其誰知之盡而不訏哄婉而成章自別**悠悠蒼天此何人哉**滿目皆不知我者也故告愬于蒼天大子晋曰自厲宣幽平而貪天禍詩人所號向人蓋不止赫赫宗周褒姒滅之

彼黍離離彼稷之穗黍稷離離而成穗也先苗而穗而實猶桃夭之華也實也葉也趣時詠之詩人之常

行邁靡靡中心如醉芒芒然似失本心者也小雅載号載呶屢舞僛僛詩人亦欲号欲舞耳

知我者謂我心憂不知我者謂我何求惡得不無酒而昏醉乎

悠悠蒼天此何人哉

彼黍離離彼稷之實自苗而穗而實只是彷徨不忍去之摸寫也說行役往來非一見非也

行邁靡靡中心如噎如醉其心惛也如噎其氣塞也憂之深淺是詩之序也

知我者謂我心憂不知我者謂我何求悠悠蒼天此何人哉三章百十七字而所変歷八字詩人淫液之最甚者

黍離三章

君子于役刺平王也蓋與揚之水一時敘此言主帥役言役夫此君子以位言下篇以德言在位危難有德禄仕故聯君子行役無期度以行敘于也平王之慢是詩見於處者之言揚之水見於征夫之怨大夫思其危難思君子危難風王速召之也思因勿思危難因飢渴或云國之危難非序意○大夫作詩猶有小雅之遺以風焉因白駒云齊襄葵丘之戍瓜時而遣及瓜弗代而無知之禍因是大夫思其危難良有以哉

君子于役君子而于役在礼不踰時焉是句四出筭通篇居四分之一微意所存可知非室家思夫之時不知其期曷其至哉別李曷下無其字者脫也足利古本亦有○曷何時也至帰来也雞棲于塒塒蓋作雞栖穿垣繫之日之夕矣羊牛下來小雅畢来既升入牢也是詩降而入牢也君子于役如之何勿思

猶曰視大臣不及禽獸是詩之巧也故曰如之何勿思夫行役妻思之常事也於是句不切

君子于役不日不月曷其有佸不日不月言其歸無日月之期也小雅德音来括又作佸雞棲于桀日之夕矣羊牛下括桀蓋佃杙而橫架焉

君子于役苟無飢渇憂其有飢渇之辭想朝不及夕之急也使大臣迫飢渇之難若無連管之変少有高克之禍大夫憂之宜矣謂之閔恩而說但冀其生還殊非美辭

君子于役二章

君子陽陽閔周也称周列國無是例蓋表曰王風故也君子遭亂相招爲祿仕賢者無心於國家意替甚全身遠害而已而已字照閔周可味有職司者將飢渇於外故君子遠害於伶官

君子陽陽簡兮萬舞之態意氣揚揚甚自得也頌云龍旂陽陽考工記声清陽

左執簧右招我由房自房中招我也大射儀宰胥薦脯醢由東房鄉射礼記命負矦者由其位字例正同

其樂只且君子而樂於此則衰乱之不可如何者大可見故曰閔周

君子陶陶釋詁陶喜也礼記人喜則斯陶

左執翿右手秉翟則是未舞之初也故可見招人

右招我由敖燕舞之位曰敖蓋取遊敖之義欲周礼卒食以樂徹于造注造言故作食處也古文間有是例

其樂只且

君子陽陽二章

揚之水刺平王也竹書平王三十三年楚人侵申三十六年王人戍申當楚武王時未知實否

不撫其民驅民於遠使騷動而不得安堵

而遠屯戍于母

家示戍申之為本也稱母家示非所屯戍也周人怨思焉役夫在遠故稱周人辭之協也稱國人則亦嫌於處者宜與丘中有麻并考借諸侯有戍非是辭所關怨在三四思有五六

揚之水不流束薪比也流水激薪而揚其力不能流之比王室衰弱威令不行於諸侯焉与鄭之揚水比意全同王室不卑則命諸侯戍之可矣天子鄉遠之民而遠戍下國衰弱甚矣

彼其之子不與我戍申役使不均已困於遠戍猶北山之怨國用匱則番代亦不得如常式併與君子于役不知其期皆衰弱所使

懷哉懷哉曷月予還歸哉代人不至旅瘁日甚思念故御而悲其歸之不月也

揚之水不流束楚首章提束薪而楚与蒲皆是薪也提戍申而甫與許皆是為申故及之也

彼其之子不與我戍甫甚於戍申也甫一名呂周語申呂雖衰齊許猶

在文申與呂助大子宜臼出鄭語
平王德之故因戍申并戍之也
懷哉懷哉曷月予還歸哉

揚之水不流束蒲
蒲艸也徵於東楚水勢益弱
艸而稱薪漢廣綢繆可徵
彼其之子不與我戍許
蓋甚於戍甫也許不見於鄭語
以與申同姓而近於戍之申遂
為楚所滅許為楚屬國當平王時蚡冒武王方拓
土疆則為楚戍之可必矣甫亦楚故欤其地未考
口竹書申侯魯侯許男鄭子立宜臼
于申果實錄否或因是詩附會之欤
懷哉懷哉曷月予還歸哉
是篇七十八字而換六字
永歎之外須玩六字確當

揚之水三章

中谷有蓷閔周也
不撫其民其
不至斯極也
夫婦日以衰薄
二
南

之道陵遲。凶年饑饉，室家相棄爾。兵革不息，男女相棄，出於出其東門及溱洧，而詩皆涉淫風。是篇迫衣食而棄其妻，王政之慢，民情之薄，諸國所無，可謂衰矣。故曰閔周。

中谷有蓷，暵其乾矣。興也。蓷，隰草。然中谷失其所，谷風浸之，暵然而枯槁矣。以興女之仳離而歎傷也。有女仳離，嘅其嘆矣。此君子憐而詠之者，非婦人自述。嘅其嘆矣，遇人之艱難矣。凶年不免於死亡，是艱難也。可憐是女遇民人困阨之時，而至斯極矣。哀時命之意，愴然有餘感者也。

中谷有蓷，暵其脩矣。脩，長也。得水而痴挺者，不能遂其性耳。有女仳離，條其歗矣。小雅嘯歌傷懷說，悲恨深於嘆強矣。條其歗矣，遇人之不淑矣。吊死者曰不淑，凶惡不祥之義也。父子相夷為不祥，則夫婦相棄，是不淑也。可憐是女遇

不淑之時矣使其生於二南之世必
桃夭宜室家何至爲谷蓷而菸傷邪

中谷有蓷暵其濕矣乾者失其所而枯瘁也脩者傷於水而失其性也濕者洌泉浸之而摯也

有女仳離啜其泣矣卒章最痛切矣嘅嘆條歗大氐如一特以艱難不淑爲叙卒章是結法

啜其泣矣何嗟及矣嘆且歎之時尚似有泣路者至事窮而啜泣則百方亦如之何可憐是女溝壑自分而已故曰雖悲嗟亦何及乎

中谷有蓷三章

兔爰閔周也苕之華大夫閔時也其詩曰知我如此不如無生閔字可并考君子無望故不曰刺桓王也

桓王失信必有其事矣攷左傳王易田失鄭又奪鄭伯政其安可知孔疏以信不由中當之是恐非桓王之過

諸侯背叛鄭伯始朝桓王王不礼所以失諸侯

可知

構怨連禍釈百罹百憂百凶王師傷敗此亦不啻繻葛之敗君子不樂其生焉周至桓王而益衰甚於君子陽陽其樂只且

有兔爰爰雉離于羅比也釈訓綽綽爰爰緩也狡兎脱於羅而綽然自得以比叛國横逸於王罰外雉介鳥而反苦於羅以比王國士民没於毋望之禍亦以自道也我生之初尚無爲少壯時國家猶閒暇庶幾無事以終是身也宣王末年周既衰幽王十一年平王五十一年則詩人固非逮西周之盛我生之後逢此百罹尚寐無吪吪訛同小雅或寝或訛叔始願在無爲今而遇是百憂不樂其生願寝而不動耳無吪亦是無爲若不負始願者而憂樂雲泥二尚字有味○無吪謂之不樂生盡矣説庶幾以死其又甚下同

有兔爰爰雉離于罦郭注罦有兩轅中施罥以捕鳥孫炎云可以掩兎我生

之初尚無造無造即無為也造字尚書多例我生之後逢此百憂尚寐無覺吪在身而覺與聽在耳目自成奇偶百罹百憂對而百凶甚焉奇偶相錯

有兔爰爰雉離于罿爾雅罿罻也罻謂之罦罦案三者皆翻車也大名相用其制有小異耳我生之初尚無庸不用力不用心灑洒送日月也我生之後逢此百凶尚寐無聰背叛傷敗百凶之言逆於耳衡於心故也子曰六十而耳順〇無聽懶散極矣目有開閉而耳竅常開掩耳甚於閉目耳目前後似有叙此雖殆鑿可具博依矣〇作是詩者有感于周南兔罝歟苟肅肅丁丁則勃敵無敢慢也今寃網既弛兔之爰爰其如之何

兔爰三章

葛藟王族刺桓王也古或作平王誤也毛傳亦可徵周室道衰周道

親親我望是句亦知其為古言

棄其九族焉

周之興常棣伐木以親九族及其亾頍弁角弓作矣至於葛藟其辭愈疏遠而無恩極矣須照諸序以求文意○左傳公族公室之枝葉也君去之則本根無所庇蔭矣葛藟猶能庇其本根故君子以為比況国君乎所謂君子即王族也論公族而及是詩與序文合符我是以見序之為古義古文也且比體亦主左氏而講定之不敢臆断

緜緜葛藟在河之滸

比也緜緜葛藟比九族之浸而蕃衍焉在河之滸比在天子之宇下也河潤九里況在其滸沛澤所被王族得以滋蔓云尒如是比之而彼凍今之不然以哀龥於下是比體也河潤所生不止葛藟殊取其蔓延庇本根焉葛藟之不緜亦王室之瘁也頍弁曰如彼雨雪先集維霰

終遠兄弟謂他人父

王不親親九族殄瘁我終與兄弟相遠而無所撫不得已而父事異人之耆者以乞憐焉

謂他人父亦莫我顧

顧者旋視

相訓也。四句言王族不依王室則無怙也。魯成公欲就楚救晉。季文子曰。不可。史佚之志曰。非我族類。其心必異。楚雖大。非吾族也。其肯字我乎。春秋聞言是意甚多。是詩亦与史佚合符。

緜緜葛藟。在河之涘。釈丘。涘為厓。郭注。水邊。滸。釈丘曰。岸上。釈水曰。水厓。終遠兄弟。謂他人母。非刺平王。是傳可徵。謂他人母。亦莫我有。有者。保抱相存也。蔑視而不有。所謂不肯字我也。儀礼。君不有其外臣。左傳。不有寡君。多例。

緜緜葛藟。在河之漘。釈丘。夷上洒下。漘。言岸上平。其下為水齧若脣也。終遠兄弟。謂他人昆。陟岵亦言父母与兄。謂他人昆。亦莫我聞。聞者。出入相語也。不聞於我。又不使我聞。視如路人。父曰顧。母曰有。兄曰聞。用字極巧。

葛藟三章

采葛懼讒也子貢傳亦曰大夫憂讒或云采葛非人臣事噫中谷蔓延獨女手所刈乎

彼采葛兮為衣服也三采皆不得已者非遊戲也詩人之辭不苟一日不見如三月兮泄柳申詳無人乎繆公之側則不能安其身孟子曰我退而寒之者至皆憂君側也

彼采蕭兮為祭祀也時日有期一日不見如三秋兮以三冬例之亦三月也疏云三秋謂九月朱子從之有確據乎否唯積月而時積時而歲故其序如此耳

彼采艾兮為疾也三采皆言不得已而遠君側焉一日不見如三歲兮角弓序不親九族而好讒佞兄弟之遠無他有受爵不讓者故也以采葛次葛藟其意殆有相似

采葛三章

大車刺周大夫也唯王風有刺大夫與小雅刺暴公相似列國則有哀三良是已

禮義陵遲男女淫奔上句為卒章繫之故陳古以刺今大夫不能聽男女之訟焉是詩自行露黙化來故以召伯聽訟亦其義也

大車檻檻毳衣如菼大車特言其車之盛也猶戎車孔博女子聞車声檻檻而知其為大夫側目仰之毳菼之衣儼然立於車中如天下雷行物與無妄不恐而威於斧鉞曰陸佃云說文毳衣以毳為罽是或一服也毳冕不如菼璊豈不爾思畏子不敢豈不夙夜謂行多露全是一意或云此刑政之敎民免而無恥革面而未能革心去二南之化遠矣噫後儒苛刻之說耳子曰無畏而悪不仁者天下一人而已畏而不敢非以礼制心者乎

大車啍啍毳衣如璊啍啍亦声也小雅戎車嘽嘽嘽嘽焞焞焞又作啍毛傳似以諄諄釈之不販也說文璊玉赬色豈不爾思畏子不奔不尓思情也不奔礼也

穀則異室死則同穴異室同穴礼義也言之以見尓以礼義處我亦欲同穴之意也非礼不可犯故以礼義勸之

謂予不信有如皦日心卿之如是猶以礼自防

貞女也使之者非賢大夫乎行露以既訟言大車以使無訟言寔連璧也○疏云周始合葬陳古在周公以後案是亦一考然詩作於東周謂之詠召伯亦適且召伯下及康王

大車三章子曰古者不祔葬詩云死則同穴自周公以來祔葬矣是詩合於礼可知若説如遷葬嫁殤是非礼之大者也夫子何徵之

丘中有麻思賢也匪風思周道下泉思治以終変風是篇王國之終也不曰刺莊王而曰思賢其必有説

莊王不明平王崩而桓王廿三年莊王十五年齊桓公以莊王十二年立王風遂亡

賢人放逐考槃曰使賢者退而窮處發明詩意全在造語不同處可

味

國人思之而作是詩也子貢傳留子賢而退隱周人慕之賦丘中

丘中有麻彼留子嗟留子嗟見放逐而在丘中種麻以為衣食計也此寂寞無聊之景不與考槃肥遯無悶者同曰施施曰來食皆所以慰其鬱陶也

彼留子嗟將其來施施施施自得之貌猶曰施施來遊孟子施施從外來似因是詩

丘中有麥彼留子國子嗟父必有所傳蓋子嗟是主而其父既老其子猶倅故三章序之如是

彼留子國將其來食君之麥雖美姑且即我一餐願治魚菽歡君矣

丘中有李彼留之子蓋子嗟子也年弱故曰留之子上二人既称其字則不可混已以麻麥李分三人所居詩人摸寫也

彼留之子貽我佩玖望其貽玉所以結好也白駒生芻願毋遐心亦同荷篠丈人宿子路而設雞黍將其來食也見其二子即始我佩玖之意

也隱見離合雖異其知賢愛賢則同留之子年猶富其無賜環之日乎願再庇於君家之宇下矣

丘中有麻三章

王國十篇

黍離

君子于役
君子陽陽
揚之水
中谷有蓷
兔爰
葛藟
采葛
大東
丘中有麻

毛詩考卷六

毛詩考卷七

鄭國第七

三衛之外鄭詩最富故以鄭次王舊說鄭初在畿內故以次王非也

緇衣美武公也 變風唯秦有美秦仲襄公三首它定之方中淇奧木瓜無衣乃是已凱風干旄是別鄭國刺詩十四而美則是篇已

父子並爲周司徒善於其職 敝又作敝又造欲其永永不易也故序併及桓公可謂徹底矣

國人宜之 稱國人皆示詩作於鄭國也說周人作非矣宜稱也左傳王子圍相郟敖子羽曰是謂不宜

故美其德 衛風美武公之德在首句此在下相變

以明有國善善之功焉 有國善善言世濟其美也桓公始封於鄭武公繼有其國益善父之善也善即善於其職之善武公有大勳力於平王見周語晉語○東萊呂氏云此後之講師失旨也噫何言邪鄭樵朱熹詩之蠱賊余不

胥用鉞呂氏顯知序可貴然主首句而不審繹廣語屢誤解而曰講師講師使人生疑惑惜也不免宋習之私臆乎

緇衣之宜兮敝予又改爲兮緇衣卿士聽朝之服也疏云天子與其臣皆皮弁以日視朝卿士退適治事之館釈皮弁而服緇衣箋曰私朝對在天子之庭爲公○宜言衣称其人也首章奇而二章卒章偶是篇法也

適子之館兮還予授子之粲兮適子之館猶曰子適子之館言武公出聽政其館也還言武公退食自王所也

緇衣之好兮敝予又改造兮好言衣之美好也猶五服五章之章衣称其人則自然美好然說好猶宜不確

適子之館兮還予授子之粲兮爾雅粲餐也案粲本精米故謂飲饌爲粲也曰將其来食曰曷飲食之皆愛賢之辭也說欲粟常繼非矣

緇衣之蓆兮敝予又改作兮爾雅蓆大也蓋言衣之貴盛也玉藻既服習容觀玉声乃出揖私朝煇如也登車則有光焉適子之館兮還予授子之粲兮是詩無前後深淺之別但六十九字而換六字何限意緒且須知上二句是国人所願故三章三換而下二句特三反之而已〇子曰好賢如緇衣又曰於緇衣見好賢之心至也與序正合故宋儒不得說為淫汚為語氣輕佻男女以緇衣戲出呂覽

緇衣三章

將仲子刺莊公也莊公不兄故作是詩風之不勝其母以害其弟不勝猶不忍也不能如其母之欲何遂以陷害弟於不義而放逐之也〇二句語意上偏序之例同有女同車而江有汜載馳則是一格弟叔失道而公弗制祭仲諫

而公弗聽詩之義盡於此矣小不忍以致大亂焉貶叔而傷母心小事也兄弟克伐與母永訣大亂也〇序結語與有女同車況同大乱以前之詩也故先叔于田

將仲子兮祭仲又曰祭仲足曰祭足曰仲足又單曰仲仲仲其行也仲子猶季子無踰我里無折我樹杞比也以踰里折杞比入人家而傷弟焉野廬氏葉野之橫行經踰者注徑踰射邪趨疾越隄堤者樹杞猶佗樹也遂人職隣里縣遂皆有地域溝樹之豈敢愛之畏我父母既不愛之則鄭志大可見二句盡出莊公之惡念以刺其心是切諫也畏母而曰父母詩人之辭也依違而罕言之耳仲可懷也父母之言亦可畏也懷者愛慕之思也齊語曷又懷止即畏己之反也左傳非威非懷何以示德威言明畏可忌憚懷言慈仁可歸服仲可懷也者言仲之為我謀親切而可似愛也

將仲子兮無踰我墻無折我樹桑孟子樹墻下以桑小雅維桑與梓必恭敬止故愛之也豈敢愛之畏我諸兄不嘗父母仲可懷也諸兄之言亦可畏也莊公曰多行不義必自斃子姑待之每章末句須下添子姑待之四字有者夫既知仲可懷則叔之將叛固公所知也然叔之未叛上有君母之寵下有國人之歸無故而貶黜之則母兄國人未必服之且叔不大滅之難不全彌故曰子姑待之詩人抽出公之忍心以風切之而曰母兄國人之小有言尚可忍也使母兄叛逆而屠殺之豈非大惡乎

將仲子兮無踰我園自里而牆而園是漸迫也自父母而諸兄而國人是漸廣也無折我樹檀小雅樂彼之園爰有樹檀季氏有嘉樹韓宣子譽之出左傳豈敢愛之畏人之多言不義而待衆國人說而歸之仲可懷也人之

多言亦可畏也晉詩引之曰見懷思威民之中也鄭詩之言吾其從之奕奕義府前賢所明質而說為淫穢狂妄甚夫周樂主丈詩皆正音季札所贊可徵鄭衛可曾有淫者邪音乎

將仲子三章

叔于田刺莊公也左傳稱鄭伯譏失教也三篇皆風切其志在不教而殺也叔處于京受上篇故不言弟稱京則非從公田繕甲治兵以出于田不臣之形已見矣國人說而歸之稱國人則闔國也左傳大叔命西鄙北鄙貳於己公子呂曰國不堪貳是也○句末脫也字有女同車可照考

叔于田巷無居人叔所經過一帶里途觀者如憎故曰巷無居人豈無居人不如叔也洵美且仁仁慈愛也命西鄙北鄙貳於己豈無陳氏之施民歌舞之

乎康誥所謂別播敷造民大譽者故先稱其仁而悅之也盧令亦以美且仁爲首章

叔于狩巷無飲酒

一帶里途若無飲酒之人也既獵而飲酒出吉日此是章所以言飲酒也然巷飲非叔之飲是日叔治兵出田其所經過縱觀慶喜國當多會飲哥舞之人故曰巷無飲酒

豈無飲酒不如叔也洵美且好

可愛之謂好是日飲酒之人歡呼滿巷然皆願從叔也之飲而嘗其餘瀝而已

叔適野巷無服馬

繕甲治兵則一帶里途滿目皆服馬之人也故曰巷無服馬

豈無服馬不如叔也洵美且武

服馬爲飾誰不趍趍然叔也實武而絕倫人皆願爲之用也不如仁著其懷也不如好著其愛也至於不如武則百夫決拾之勢已見矣

叔于田三章

于田 仁 飲酒
于狩 適野 好 武 居人 服馬

大叔于田刺莊公也其辭盛於前篇故稱大鄭有兩叔于田酷似叔字子石者兩御同朝是篇言其從公而田以著人知有叔而不知有君之狀也叔多才而好勇射御貫而暴虎不義而得衆也通篇皆是意也夫有才者俗衆可以有爲況好勇而安不義乎此不可不訓戒然莊公志在必殺故苦然冷笑所以刺也

叔于田乘乘馬叔字十出寫其得衆之甚也執轡如組兩驂如舞言車馬始發也叔英氣勃勃自御其車而出叔在藪火烈具舉既至獵所而叔之所在烈火並起也襢裼暴虎獻于公所放火烈藪有虎跳出田獵第一獲搏虎以獻不亦壯乎夫暴虎者死而無悔者也㠯是著其不悼弒兄乎君也小雅漆沮之從天子之所

將叔無狃左傳莫敖狃於蒲騷之役戒其傷女衆人悅其壯武而賞之曰一舉

絶倫，然勿狃今日而復之，恐其或傷女，故謹戒告之也。

叔于田，乘乘黄。美其馬也。比物四黄，即首章乘馬。**兩服上襄，兩驂雁行。**言車馬方馳也。二句亦美叔之良御。上襄，進而驟也。儀礼：匹馬卑上，九馬隨之。漢書：雲起龍襄。又：交龍襄首。

叔在藪，火烈具揚。三章如一。夫公之田而曰叔于田，公之所在而曰叔在藪，並三復之，詩人風意所存。獻于公所一句，何等雋逸。

叔善射忌，又良御忌。美叔之多才，亦以著其得衆也。射則不須詭遇縱送，如破；御則範其馳驅，磬控如意。或云喜其無傷之詞，非也，不解序耳。

抑磬控忌，良御也。四字毛必有所傳，今從之。相激曰捍，磬與騁義差似。或云使馬曲折如磬，似迂。

抑縱送忌。善射也。朱註覆鐍曰送，按後手縱矢、前手送矢也，於理則近，有徵乎否？蓋縱送與馳逐一語法，縱矢者為逐禽也，縱必獲。毛義亦已了了。

叔于田乘乘鴇

蓋其副車也自獵旣酣息四黄而乘之鴇以毛羽似名之爾雅作鴇依例後世所改人或失本末

兩服齊首兩驂如手

言獵將畢而馬不驕也中服並首於前而兩騑差退如曲肱舒兩手於首左右焉四馬並差先後之形容前章亦同唯其步驟疾徐之異讀者宜法目

叔在藪火烈具阜

二句三章如一依例置之但是須說獵將畢又復一驅以耗罄餘勇也

叔馬慢忌叔發罕忌

慢惰也用字之巧訓遲不確是結語衆皆屬目於叔進退唯命之摸寫也雖有公猶無公此詩人之忠信所以憂君憂國也

抑釋掤忌抑鬯弓忌

掤矢箭蓋也用矢時繫掤於箭而今解其繫以覆箭也鬯共韔同弓室也衆皆見叔之馬慢發罕而待獵將畢則叔果釋掤鬯弓於是車徒相命為去邑未始待公之進退耳「公子呂曰無生民心厚將得衆公乃曰不義不暱多行不義必自斃毒哉慘哉

大叔于田三章乘馬乘黃兩兩乘鴇如如兩兩

清人刺文公也危亡將及故作是詩風之高克好利而不顧其君高克同是惡物文公惡而欲遠之不能所謂知所惡者耳使高克將兵而禦狄于竟魯莊末年狄伐邢閔元年齊救邢僖元年諸侯逐狄城邢此春秋書狄入伐之始也高克禦狄必是故也狄入衛鄭棄其師同在閔二年十二月舊說於久而不召支不確陳其師旅翱翔河上遣高克遠之也一去而公不省故以師翱翔已久而不召衆散而歸高克奔陳狄伐邢未退故高克不得還若爲狄入衛衛之河北之狄退則河南之師可以還矣公子素古傳可知它共姜譚大夫召康公穆公凡伯仍叔皆同惡高克進之不以禮進之言進而事君也今退之對

而成辭文公退之不以道克固不礼然公
古矣亦不道故惡之危國亡
師之本故作是詩也高克好利不顧則何所不爲
而公授之師旅久而不召此
危亡之本也文公惡惡一人也公子素惡爲軍國
也疏云克若擁兵作亂則危國將衆出奔則亡師
大得序意矣作詩時師未潰又未有知其必潰者
惡此危亡故作詩風之呂氏云不言已潰而言將
潰其詞深此呂未敦序故也清人不同二子乘舟
且說是詩爲遊戲必潰之勢亦非序意
清人在彭駟介旁旁旁旁疏云馳驅敖遊不息北山
傳傍傍然不得已〇舊說狄已
去高克無事可召
案於事實未合二矛重英河上乎翱翔酋矛長
二丈夷
矛二丈四尺並建於車上故其英重蓋矛柄近上
有喬以縣英頌曰朱英則蓋染毛羽以爲之〇在
彭在消在軸言其遷移不安也駟介二矛言其爲
軍容也翱翔逍遙言其空間送日也危亡之形既

見矣，惡知其不摧大衆以救，又惡知其不率師出奔，故特説必潰之勢，非亭所示也。古義可宗。

清人在消，駟介麃麃。行人儦儦，傳：衆皃；失慣鑣鑣，傳：盛皃；雨雪瀌瀌，漢書作麃麃；儦儦俟俟，鹿衆也。

二矛重喬，河上乎逍遙。釋木上句曰喬，予之喬亦然。欲朱注英弊盡而喬存，已。案：重喬，不閑英有無，且以喬見英之弊，訖鑿，通篇無秖裘蒙戎之意。

清人在軸，駟介陶陶。祭義鄭注：陶陶遂遂，相隨行之貌。案：旁旁、麃麃、陶陶，並步驟盛多之皃，以著其摧大衆於外也。援是衆於貪人，而使至潰，故曰鄭棄其師。

左旋右抽，中軍作好。左陣旋師講兵，右陣抽矢抽及，而中軍則成嚴張軍容也。翱翔逍遙，以進退時言；是章以布営時言。○舊説：中軍謂將居車中也，強甚。且御者在車左，亦僻説也。左右中軍，言三軍必矣。

清人三章

羔裘刺朝也朝無直臣故風之言古之君子以風其朝焉風雨思君子不改其度是詩亦再言其直鄭無直臣可知併前篇考之若有直臣未必至棄其師

羔裘如濡洵直且侯侯言其有主民之德也洵美且都字法同古之大夫其羔裘如濡則其德亦直而有君德也羔羊序曰正直左傳曰從昔作是詩昔有感於召南委蛇乎彼其之子舍命不渝它身於天命而不變其所守也

羔裘豹飾孔武有力古之君子其裘如濡則其文德足以膏潤一邦豹飾則其武力足以骨鯁一朝今之君子徒服羔裘而豹飾乎彼其之子邦之司直武力用之邦家而足稱司直矣左傳謂司馬為司武又或主彊直難乃不生書云主善為師

羔裘晏兮三英粲兮晏傳曰鮮盛蓋與日出清濟一義也然晏安也是常訓蓋言服

称其德而晏如也。三英以二矛重英朱英緑縢考之、程子為素絲五紽之類近是。大夫之裘其英飾三、而縏然美也。

彼其之子、邦之彦兮。羔裘三英、萘而安文武兼備、質一邦之彦也。如是可以為民主矣。彦受上文武二直結之。彦字從彡、故曰美士。郭注人所諺詠不敢也。

羔裘三章

遵大路思君子也。与風雨思君子文同義異、合左氏釋經法。莊公失道。莊當作文。莊公英主也、無棄賢之事、且請人之後、不可編莊公之詩也。丈公咈三良、大受晉師、又背王命、執其使、可謂失適也。

君子去之。丘中有麻有兩賢、是序有兩君子、曰賢人放逐、曰君子去之、皆所以示詩中之義也。

國人思望焉。慕而睠顧之也。

遵大路兮、摻執子之袪兮。執袪於大路、是不遑顧人目之意也。朱子徵宋玉雅

說可聞

無我惡兮不寁故也毋惡我而不斷須故舊本有不遽棄之義也

遵大路兮摻執子之手兮不唯執袪也君子將去從而斷須是繫白駒永今朝之意

无我魗兮不寁好也疏云魗与醜古今字〇好言久要之好也故不必好是故而好者也唐之羔裘亦先維子之故而後維子之好〇鄭箋㠯莊公說之是序之所㠯廢也

遵大路二章

女曰鷄鳴刺不說德也不悅德君子所㠯去也故㠯是次遵大路而終文公變風焉忽之詩合緝於後㠯表祭仲亂國遂㠯終莊公害弟之惡也故女曰鷄鳴之作蓋在溱洧之後矣忽見殺廿三年而文公立又十二年高克奔陳公子五爭終於文公即位前八年陳古義閨門之美十五國風第一也非使古義何㠯至此以刺今不說德而好

色也德色對說古言也德言德行又言有德君子是詩句句皆陳德義卒章稱有德君子亦是其德行也蓋文公報於叔父之妃又娶于江娶于穢頰殺其子逐其子閨门不治国俗敗而又淫亂可槩見矣〇是序与月出序文相変精緻可玩

女曰雞鳴士曰昧旦昧旦則已過雞鳴子興視夜明星有爛釈天明星謂之啓明自此通篇皆女之言將翺將翔弋鳧與雁

弋言加之與子宜之加言中也陸佃引史記以弱弓微繳加諸鳧雁之上得之尒雅宜肴也言調和而肴之頌云是饗是宜朱子引内則雁宜麥近強宜言飲酒與子偕老宜其調和嘉肴以飲旨酒至於白首永同是歡樂矣〇朱註射者男子之事中饋婦人之職

琴瑟在御莫不靜好在御言在其所進御也靜不躁也好可嘉也女曰琴

瑟必左右之以儀節養和而毎事勿有粗暴之態焉相警戒之辞也琴瑟因飲酒及之

知子之来之雜佩以贈之

因飲酒而及賓客也嘉肴旨酒必有好友来之言親愛其人而致之也雜佩㠯報瓊琚貽佩玖例之毛傳得古義贈玉所㠯結好也女曰我苟知子之好而来之我亦贈之雜佩以厚其好矣夫婦所説在有德君子而妻説夫所説夫亦使妻敬愛賓客此夫婦並説德行也

知子之順之雜佩以問之

順之言和順相比也問猶問安也礼遺不虚故曰遺也夫知人者君子之事也婦人何與焉唯能知其所親愛扶歡心而不失而已雜佩之贈所以厚君子之好也雖有賢主人入家婦悪人情所不堪也同心如是章則金蘭之情豈不日深乎賁萬世女師

知子之好之雜佩以報之

好之言興其人歡洽相投也報之言報其好意也文伯死婦人失声敬姜曰是子必曠於礼矣言篤於色而薄

於賢也卒章永歎宜以是觀之為人夫者已既篤於德又使其妻篤於德如是而後可稱士君子此謂古義○贈与問偶順与好偶而起句之來結句之報是奇立字盡善

女曰雞鳴三章

已上八篇一轄而十篇在中而伪三篇

有女同車刺忽也

忽之死先於鄭象其師三十餘年忽之詩別起至揚之水十篇一轄○桓公武莊皆奕王也三世之業忽實敗之序不曰昭公而曰忽與春秋符合忽春秋所不君也

鄭人刺忽之不昏于齊

鄭序唯是稱鄭人蓋與齊字相睨與下國人相变○是序將仲子一例

太子忽

春秋書曰鄭世子忽

嘗有功于齊

猶曰忽為太子時嘗有功于齊古文簡雅嘗云者自後之辭也此言伐北戎克之

齊侯請妻之

齊僖公時為小伯

齊女賢而不取

齊侯請妻之非文善也以上往事也北戎之役

卒以無大國之助至於見逐卒字與嘗字呼應及即位以無大援故爲祭仲所逐也故國人刺之也也字今本闕據足利古本補〇詩直稱孟姜以指忽前過譏之序繫之國人者蓋亦丘麻黄鳥一例之意歟〇五月莊公卒九月忽出奔間三歲而復歸間一歲而見弑是詩未可知何時作蓋忽既立而孤弱爲祭仲所馮陵故追憶往事以刺忽猶介且而悪祭仲跋扈也凡曰刺忽者皆悪祭仲也不可不釋〇忽之弱而祭仲專國實本於此故刺忽之詩起編端於是篇詩亦蓋作於見逐之前也

有女同車顔如舜華有淑女可以同車也將翺將翔佩玉瓊琚美步趨之高貴也越得西施習步而後猷矣彼美孟姜洵美且都直稱孟姜說同彼子嗟子國奄息鍼虎其辭直也人或疑是女非孟不達詩之辭者耳何必孟而稱孟姜乎所

主唯在善也鄁鄘之反言其風
采佳冶大異於小國女公子也

有女同行顔如舜英既同其車而後夫先婦從是同其道也此亦猶曰有一女之堪同行者將翺將翔佩玉將將瓊琚材之美也將將声之美也彼美孟姜德音不忘不唯美於色而已所謂賢也故惜之

有女同車二章

山有扶蘇刺忽也自此至褰裳四首相比皆主權臣刺之權臣祭仲也有女曰見逐揚水曰無臣序者三致意昧者乃曰刺忽甚多噫忽唯是弱主而大亂鄭國者祭仲也狂狡可惡故風忽而欲以退之是鄭人之志也所美非美然四首序文甚有叙宜細味之所美非美言所賢非賢也美者因詩之辭然歟焉同常武序亦出

山有扶蘇隰有荷華比也比物有其所焉朝廷有賢相美士固其所也是句例南山有臺為首倡扶蘇未詳或云木名或云小木扶疏

不見子都乃見狂且朝廷不見美人而見狂夫耳荷華美物故受以子都狂對子都則猶箕子被髮佯狂言不脩容觀也楚語富都那豎言美少年也孟子子都之佼似美女此子都古之美丈夫或汎稱而非一人名歟

山有橋松隰有游龍松之喬龍之游是草木之大者故下受以子充充言顏色豊滿身體肥胖也子都以其都称之子充當然

不見子充鄭語角犀豊盈言福德之相也周礼有充人養牲而肥之者儀札視牲告充注充猶肥

乃見狡童提子充故以綞小童子反應之高伯之輟祭仲已知免實狡也狂童童童又出下篇其人同○鄭語今王棄高明昭顯而好讒慝暗昧惡角犀豊盈而近頑童窮固前言似首章後言似卒章作是詩者豈本由史伯之言歟

山有扶蘇二章

蘀兮刺忽也刺忽所謂繫一人之本也其實惡仲之專也君弱臣強始提君弱蘀兮蘀兮君弱也風其吹女臣強也不倡而和也言倡而和之道廢也

蘀兮蘀兮風其吹女比也蘀比君風比臣葉既槁而風又吹之義何不散落乎比君既孤弱而權臣脅之死亡無日焉十月隕蘀其下雖蘀皆言落葉也此言其槁而將落也叔兮伯兮倡予和女叔伯羣臣相呼也倡予予手敝予駕予一例也此政此事洧若首倡之我將知而偕謀之此君倡臣和之道廢也子產曰國之大節有五畏君之威居其第一祭仲輩不待君之倡互相倡和以決斷軍國之事蔑君甚矣

蘀兮蘀兮風其漂女傳釋文本亦作飄案吹女其辭汎漂是飄蕩之也益危是詩之

巧在四字變換處

叔兮伯兮倡予要女　要專於和也要是求而必成之義言盡心力以遂女志也和者唯是同意之義左傳使季路要我又從其事而要其成樂記要其節奏

蘀兮二章　呂氏未精序文其說失古義

狡童刺忽也　惡狡童而曰刺忽風忽使退也國事繫一人詩之常也國風先刺大夫之詩

不能與賢人圖事　詩中四我字即賢人也忽之所賢非賢故棄替蔑君不倡而和非無賢人然不能進參国政而委之權臣遂使其陵轢賢人

權臣擅命也　權臣釈狡童也山有扶蘇之乃見狡童亦指忽所美而說目君為狡童大踈序文者耳左傳祭仲專

彼狡童兮不與我言兮　祭仲狡猾左傳足徵擅國命而不使賢人乎聞焉口非童而稱童是詩之辭也

維子之故使我不能餐兮　先君三世之丕業將大壞

君子視遠惟明見祭仲之忽然朝廷憂而不能退食也子即指狡童或云曰彼曰子非指一人彼指權臣子称忽按沈涉煩碎又引未踰年称子大不違詩辭耳巷伯曰彼譖人者曰謂爾不信

彼狡童兮不與我食兮食受不能餐言之不與食言不相親也擅權者忌良士不必說食祿**維子之故使我不能息兮**子之狡黠跋扈故使我心胸窒而不能氣息也不唯不能餐餐不必退食亦一端耳與聞政命在朝廷故也冂我憂而不能餐子胡不食我乎可與食而不與食橫逆溢甚我遂不能息是詩之成辭也

狡童二章

褰裳思見正也晉語晉正於秦五立而後平**狂童恣行**前篇所謂乃見狂見狂童是也恣行変擅命**國人思大國之正己也**孟子征之為言正也

各欲正己也焉用戰蓋忽之力終不能如祭仲何故欲借力也以上四序一意貫通

子惠思我褰裳涉溱

鄭詩惠而好我左傳君惠徼福於敝邑褰裳涉言疾奔走而從之也一葬枕之之意

子不我思豈無他人

思正己之心甚急故曰諸侯苟憂我不少嘗衛齊宋雖秦楚我將顛蹷而奔之豈無他人者求之又求不得不措之意

狂童之狂也且

狂童日狂不已不借力大國正之國將顛覆不可不急急決是一著也

子惠思我褰裳涉洧

二章唯以溱洧為叙于東方之日二章以日月為叙相似二篇並意重於前章

子不我思豈無他士

卷阿曰吉士曰吉人圻父而卒章如餘波曰爪牙曰爪士只是會韻○齊襄公之轘高渠弥豈有感激於是志欲其時祭仲以知免彼童哉

狂童之狂也且

歐阳修云以難告人豈待其思而後往案是思救之詩也非乞救之

辭也。序之不可不審如此夫。

褰裳二章

丰刺亂也。淫乱也。丰之先東門之墠，猶著之先東方之日。禮曰：昏姻之礼廢，而淫辟之罪多。序唯知是意。

昏姻之道缺。昏礼廢而不脩也。非序女不隨一事。

陽倡而陰不和。前序曰：不倡而和，是亦示忽之弊化風之所自也。

男行而女不隨也。也字從足利古本補。○東門之揚曰：親迎女猶有不至者也。是詩悔不送而曰駕予行，故曰不隨。

子之丰兮，俟我乎巷兮。丰面貌豐滿也。俟于巷，既奠雁，降堂出大門，乗婦車以俟之時。

悔予不送兮。女時有異心，既而悔之，故曰子美大夫也，来而俟于巷，予有他故，不得隨行，使子徒飯，今甚悔之矣。○增奠雁降出大門，婦從降自西階，是送也。

子之昌兮俟我乎堂兮昌壯大也抑子南夫也之意與手相應齊詩猗嗟昌兮頎而長兮俟乎堂皆升堂奠雁再拜稽首而出之時也時女在房故追悔其不登隨而行也悔予不將兮將送也送即隨也俟乎巷是女所聞而知之俟乎堂所見而知之前後之叙可玩

衣錦褧衣裳錦褧裳昏礼有攝盛故極其美言之士庶人非與衛莊姜同褧且女服不殊衣裳別而言之亦詩之辞也故曰不以文害辞不以辞害志〇褧景同士昏礼婦乘以几姆加景乃驅舊説景亦連衣裳為之

叔兮伯兮駕予與行叔伯庶夫之從者及己家人也夫之迎女有他心不隨及夫之去女則有悔心乃曰我衣裝既成請為我駕予將追及之蓋是時礼廃如是成昏者亦有之鄭之乱可知不然雖狂女知其必見黜而行乎詩人摸寫不可不求

裳錦褧裳衣錦褧衣婦乘車而後姆加景今不俟駕而既已加景狀其狂急之態也

叔兮伯兮駕予與歸行自此發也歸安于彼也北風亦先行後歸○鄭說既失前人俟後叔伯然則焉得呼前人為子乎此悔是須臾之間耳瞥之從者猶有畱而懲還之者

丰四章

東門之墠刺亂也淫亂也丰主昏姻道缺是詩言淫風流行男女有不待禮而相奔者也東方之日序亦有礼字可執私約相稱曰奔

東門之墠茹藘在阪東門有墠墠邊有阪而茹藘生焉是女之所思宅其阪上也東門左傳亦出在鄭縈華地也除地去草曰墠是或為賓客若貴人稅駕設之也茹藘延蔓滋長者也曰東門曰墠曰茹藘曰阪皆言其不易微行也

其室則邇其人甚遠其室可望其人難見也下曰子不我即此言我不子即之故東門多人行墠又可畏況蔓草被阪乎

東門之栗有踐家室

左傳諸侯伐鄭斬行栗注表道樹周語列樹以表道此言車馬行人之繁也籩豆有踐傳踐行列良此亦言人家踐踐比屋

豈不爾思子不我即

我不子即有不得已然子不我即故缺然久不相見耳非我不思也請其來而擇我我將從之

東門之墠二章

風雨思君子也

與子衿並編意也

亂世則思君子不改其度焉

亂世釋風雨不改度秋雞鳴子產曰為善者不改其度故能有濟也蓋狂童恣行或脅從或面謏朝無骨鯁故思之或云寀乎忽更入更出之間士皆怵利害失其常度

風雨凄凄雞鳴喈喈

比也凄凄寒疾良比世壞乱焉雞鳥之介傑者雖有怪風劇雨守夜而不失時

既見君子云胡不夷

夷險之反心之磊塊變而易也

風雨瀟瀟雞鳴膠膠瀟瀟傳暴疾皃或云喈喈鳴而不失和膠膠鳴而不失固案二字以音不以義喈喈猶雞鳴咿咿膠膠猶雞鳴歐歐雞有是兩樣声喈喈者依然喈喈也膠膠者依然膠膠也不改其度既見君子云胡不瘳瘳病之反心之鬱悶変而解也

風雨如晦雞鳴不已晦月盡也如晦言夜色如墨也不已不変也既見君子云胡不喜喜憂之反心之慘怛変而悅也或云喜甚於瘳瘳甚於夷小辯哉艸蟲先說後夷是詩前二章並疊字卒章変語與清人羔裘立格同如末句協韻耳

風雨三章

子衿刺學校廢也忽死後百五十年子產為相其時鄭士大夫猶朝夕退而游于鄉校則是時可知子貢傳在三風曰東遷學廢君子傷之世亂則學校不脩焉

倒前序乱世字是変倜繆曰罔乱乱又変也皆有則字宜細玩之是序別本作乱世誤也○前有刺乱二首而風雨子衿並繫之世之乱而此二首之相比興狂狡之禍致之皆可見是序之密察也

青青子衿悠悠我心

鄭乱淫風蕩人学子多去不游於藝故留者責之曰子今方服青青衿而遊惰不受曰我為之悠悠思其廃業也礼曰為人子者所遊必有常所習必有業具慶青領是勉学惜寸陰之時也

縦我不往子寧不嗣音

嗣音贈寄声也越語不敢徹声聞於天王私於下執事宋玉賦絜齊俟兮恵音声○我在学朝夕不暇子則多暇何不贈寄声問我無乃従流俗而全失楽泮之志乎忠告之辞也

青青子佩悠悠我思

青佩蓋亦具慶学子所佩也傳青組綬可疑玉藻作縕組綬是赤黄色○子曰食夫稲衣夫錦於女安乎近就其身喩之青衿青佩亦一例苟轉眄而見之豈可須

史曠学邪**縱我不往子寧不來**我不往子必知其由子不来我曽不知其故

挑兮達兮挑佻窕通輕薄也達放達也左傳無礼則脫之脫乎是達義近挑達者学子之所最可戒也故君子憂之

在城闕兮在士女紛華之地而槃樂怠散可謂遊有常乎出其闉闍有女如荼鄭之俗可想

一日不見如三月兮深憂其遊惰消日將惑溺不及也國無綱紀風俗淫辟少年皆棄業遊蕩失志於卒章著之〇首章待其傳語也二章望其面晤也卒章無音無来思之愈切也樂洋君子厚其交遊亦可見脩辞也夫〇邪刻本兮上有也字衍也

子衿三章

揚之水閔無臣也依舊憎狂狡也據史記忽死後十四年而祭仲死閔猶碩人閔莊姜作詩時忽既死故曰閔不曰刺疏云作詩時忽實未死案疏泥詩之辞耳詩於忽死後為生時

言語已惡仲閔忽也

君子閔忽之無忠臣良士終以死亡 前序曰非美曰臣強曰權臣曰狂童皆無臣之謂也至此終以死亡故作是詩閔之

而作是詩

也 有女揚水其辭遜於他篇然錄之以始終忽之乱也有女追刺忽未即位之初次四首国家壞亂揚水閔忽既死之後以終焉十篇一轄是編緝之意也微序詩其不可見已

揚之水不流束楚 比也比忽之孤弱不能御臣下焉王風一意

終鮮兄弟

維予與女 設人而予之也權臣奪政忽抱空器而孤立耳原繁謂厲公曰莊公之子猶有八人鮮兄弟言其相離也与人皆有兄弟我獨無同

無信人之言人實迋

女 忽雖死狂狡猶在恣暴滋甚故君子追閔忽曰所美非美故国權下移羣臣傾於私門終至於鮮兄弟唯人言不可信彼狡童實誑女使女至此矣君子惡祭仲之狂狡滋甚故其成辭如是

揚之水不流束薪平王崩後二十餘年而忽死或是取於王風者歟終鮮兄弟維予二人予雖投人而詠之是真忠臣護君而不從狂狡者也序所謂君子閔而作是詩其伊人歟小雅讒人罔極搆我二人無信人之言人實不信忽既死而閔之曰人實迋女曰人實不信是惡祭仲等日之妄者也實字可味實如是則忽之見誑亦可閔

揚之水二章

出其東門閔亂也閔国之衰乱也宜與野有蔓艸相照以求之閔字大有發明以下三篇是十之餘也鄭自莊公害弟而釀公子五爭之乱厲公在櫟十七年國有二君人心兇兇以致此衰乱公子五爭兵革不息二句乱之所由也三篇皆有兵革字五爭桓十一年忽出厲公入一也十五年厲公出忽入二也十七年弒忽立子亹三也十八年齊殺子亹祭仲

立子儀四也莊十四年厲公殺子儀復
婦五也春秋以厲公為君故忽不称爵
男女相棄此衰世
之情也
男女夫婦也王風曰
穿家相棄文相変
民人思保其室家焉
故曰閔夫保室家生民之常也兵革窮民淫風乱
俗夫婦衰薄日呂流亡於是民思保其室家也
出其東門有女如雲言遊女之衆多也大雅祁祁如
雲世乱男女無別故處子出遊
窃寵作態也非
必皆有淫心
雖則如雲匪我思存治容出遊者
佻而善姣此
不可与保家也不存於姫
善而存於蕉萃是衰態也
縞衣綦巾縞白色綦蒼
芥色善賤女
洒服也巾或曰佩
巾或云裏頭之巾
聊樂我員聊猶且也出泉水員
釈文本亦作云韓詩
作魂〇欲求於賤之女以全伉儷也賤之女不必
好婦特取其不以靚裝衒人耳妙写衰世之情
出其闉闍蓋即東门也门外有副城回曲
呂障门者曰闉闉上之臺曰闍
有女如荼

荼花白而叢萃況衆麗人之粉面成隊也比象入妙吳語白常白旆素甲白羽之繒望之如荼

雖則如荼匪我思且

去存一字愈益厭之之意且猶上章員並以爲韻○好色者人所欲而今使人情如此非衰颯之故乎序文盡之

縞衣茹藘聊可與娛

語意愈益自安矣茹藘以染絳不必巾而已或云縞衣茹藘自目其妻案自呼妻曰樂曰娛古人恐哂之○茹藘唯鄭詩二出豈其地多產歟一名茜以其多生於西故名鄭西国也

出其東門二章

野有蔓艸思遇時也

思得嘉時而相配也亦是閔乱興上篇匹時者男女配偶之年月也欲及其時而成昏是思遇也

君子之澤不下流

別本無子字邦刻本則有蓋有所傳致祭統上有大澤則民夫人待於下流呂氏云是句講師見零露之語而附益之彙

纂因之曰取瓦與以為解噫皆不達序意耳彙纂不足辨唯呂氏可憾東萊序曰德澤不加於民詩豈有露字乎是猶前序有五爭兵革彙纂譏前序曰縫文無干戈擾攘男奔女竄景象全不解序文耳是句不與零露相関

民窮於兵革是時鄭有二君狂童恣行上澤不降為戰伐不息故民卒困窮也此言思遇時之所由

男女失時三十不娶二十不嫁也是詩與衛之有狐同序皆繫於上而不咎於民有狐亦曰男女失時

思不期而會焉此因經文而言之亦衰也之情也兵革不息民窮久矣怨曠弘多其思昏姻者非大無信也是序曰君子之澤不下流有狐舉荒政多昏之禮皆亦関民風上之意也序義不明則詩亦長夜耳

野有蔓艸零露漙兮賦也野者邂逅之地也蔓草被露昏姻之時也**有美一人清揚婉兮**美一人是男子之所思也**邂逅相遇適我願兮**仲春

之月鮮夫彷徨中野而曰艸露方溥矣是昏時也
我所思清揚可愛若今得不得而遇於此將相約
以遂我所願也此男子彷徨艸露中纍纍有求
猶有狐綏綏在彼淇梁雖淫瀆乎其咎在上

野有蔓草零露瀼瀼蓼蕭首曰零露湑湑兮次曰零露瀼瀼有美一人婉
如清揚褎如抑若一例邂逅相遇與子偕臧臧猶嘉也小雅庭見君子
庶幾有臧夫我鰥而子寡不唯適我願也二人終
焉允臧喪耦之相求於是句寫之有狐是雙相思
也是詩亦非卓相思二序
並曰男女失時亦是義也

野有蔓艸二章

溱洧刺乱也淫乱也不唯如東門之墠宜淫無忌夫鄭桓武皆良君也莊公亦有大勲
力於王室而為諸侯之爲至忽之身始失政失位
国以潰乱公子五争終致溱洧之大壞故呂是詩

終忽十篇之乱焉是詩蓋作於女曰雞鳴前數十年

兵革不息男女相棄

省公子五爭句而意則与前序通凡序文變化而再提是二句可味夫人倫明於上小民親於下兄弟相殺民何以相親

淫風大行

夫婦相棄則人情淫放淫風流行則夫婦恩薄是互相為李者也

莫之能救焉

君防也庶人水也防壞而水從之雖沈濫如之何哉故不能救桑中序起句曰公室淫乱結句曰不可止焉与是全同序之俗辞精碎寓教如此悪得以膚浅議之

溱與洧方渙渙兮

周礼女巫掌歳時祓除釁浴注祓除如今三月上巳水上釁浴以香草沐浴旧説鄭俗三月祓除水上

士與女方秉蕳兮

秉采而手之也蓋為釁浴也夏小正五月蓄蘭説曰為沐浴也當祓除之時恣是汙行蓋主意所存也

女曰觀乎

遊於洧之外也與下句映帶成義

士曰既且

寫出為異人之色

且往觀乎

洧之外洵訏且樂士有外心女猶要之寫其善淫也訏言寬曠可謔維士與女伊其相謔贈之以勺藥勺藥猶貽我握椒媚其花容婥約以為好耳韓詩離草也余未安勺藥亦三月開花陳鵬飛云勺藥溱洧之地富有之詩人賦物有所因也

溱與洧瀏其清矣瀏清貌瀏亮之瀏渙渙言水之盛瀏清言水之美士與女殷其盈矣兼簡見其遊戲無別也殷盈見其淫風大行也首章之趣在二方字卒章之趣在瀏殷二字兮矣相變處亦有趣故也女曰觀乎士曰既且女而摟男淫風大行且往觀乎洧之外洵訏且樂蓋水汭人多故誘之水外維士與女伊其將謔鄭公善破字何不破將作相八句重出無換一字法贈之以勺藥溱洧刺國俗大壞也莊公害弟公子五爭人倫滅於上故也荀子國風之好色也傳曰盈

其欲而不愆其止其誠可比於金石其声可內於宗廟至哉古之傳乎寔與序箚契盈欲者發於情也不愆止者止於禮儀也誠比金石声內宗廟左傳所謂周樂而季札所賛美是也桑中溱洧亦君子憂國忠孝之發比金石內宗廟一也古昔大師陳列國之詩則大司樂因而禁其淫声過声凶声慢声故周樂皆正声也子曰志之所至詩亦至焉詩之所至礼亦至焉故詩三百無非礼之詩矣孔門以是為教首使門人小子講習之豈有所謂鄭声淫者乎

溱洧二章

毛詩考卷七

鄭國二十一篇

緇衣 將仲子 叔于田 大叔于田 清人 羔裘 遵大路 女曰雞鳴 有女同車 山有扶蘇 蘀兮 狡童 褰裳 丰 東門之墠 風雨 子衿 揚之水 出其東門 野有蔓艸 溱洧

毛詩考卷八

齊國第八

齊大公之後也史記世家以齊先曾亦同詩之叙○樂記齊者三代之遺聲也是齊詩又曰齊音敖辟喬志是俗音夫姜大嶽之後虞夏而爲侯伯故齊詩有是古音

鷄鳴思賢妃也 変風莫先於此當周考王時

哀公荒淫怠慢 此古大師所傳非後人㠯臆附會之

故陳賢妃貞女 古之君夫人也

夙夜戒警相成之道焉 陳道即陳古義也文與女曰鷄鳴相変

鷄既鳴矣朝既盈矣 朝言朝者也左傳朝至未已卒章之會亦言會者也礼朝辨色始入此曰既盈警戒之辞也

匪鷄則鳴蒼蠅之聲 蠅先鷄驚人可疑或云必是竊謂○賢妃夙興而告君曰鷄既鳴朝者將皆脩入君可㠯興也既而察之蒼蠅之声也

東方明矣朝既昌矣 昌猶殷其爲矣之殷也 匪東方則明月出之光 賢妃被皆蠅驚遂不寐以待旦又以月亮爲日出再告以起君也聞而警之見而警之是前後之敘也

蟲飛薨薨甘與子同夢 蟲飛飛鳥也大雅如彼飛蟲時亦弋獲爾雅薨薨衆也如螽斯薨薨度之薨薨群飛貌甘者甘寢甘眠之甘心所嗜也同夢同寢也 會且歸矣 既朝者將退也伯有飲酒朝至未已皆布路而罷出左傳 無庶予子憎 庶臣庶也予子猶予美親之之辭也從心所甘則寧無衆庶之憎予子乎或云無庶字倒庶無言庶幾無之也○賢妃始誤於耳又誤於目屢與築君而使君不得熟寐故陳謝之曰與君同眠至鳥雀群飛妾亦所甘也然君視朝倚則下必有甚焉者臣庶必憎君矣妾唯恐之故屢擾君臥不使君安寐寡妾之罪也

鷄鳴三章彙纂哀公未有所考此只美古之賢妃朱傳爲允噫漢然美古之人是詩果有何作用乎彙纂圍甲令回護朱註耳只是一伐私書不可向萬世而公論経義

還刺荒也禽荒也內作色荒雖鳴也外作禽荒還也哀公好田獵從禽獸而無厭孟子從獸無厭謂之荒國人化之遂成風俗國人言七大夫也習於田獵謂之賢賢即儇也序舉首章二章而不及卒章也閑於馳逐謂之好焉不知德行道藝之爲貴士君子皆如獵夫發明詩義躍如也○還兮茂兮昌兮並美出獵之氣象也儇兮好兮臧兮並馳逐射殺之良也不容混看序文明哉

子之還兮遭我乎狃之閒兮先已既入山閒故以便捷美之並驅從兩肩兮肩釋文本亦作豣案二字通據爾雅豳詩豣是獸之大者不問豕鹿麕與三歲四歲

可也

揖我謂我儇兮

儇慧利也言縱送之貿〇一人馳馬而走儀所則既有先己揚鞭者因抗声曰還哉子乎遂竝鑣即禽各逐一豜斃之其人亦揖而呼曰子寔儇矣

子之茂兮遭我乎峱之道兮

茂美其氣勢盛壯也未又山而在道邂逅其騁馬乃呼曰壯哉壯哉

竝驅從兩牡兮

牡豢於牝是豜而壯者

揖我謂我好兮

其人揖我而獎揚之曰閑於馳逐哉舍矢如破可謂好人矣

子之昌兮遭我乎峱之陽兮

昌亦美其走馬之英氣炎炎也

竝驅從兩狼兮

有壯獸之壯者然不過虎豕至射狼是猛士也

揖我謂我臧兮

美其強弓殪狼之勢也射則臧兮之臧

還三章

還 茂昌 閒 道陽 肩壯 狼 儇 好臧

著刺時也與下篇聯猶手先東門之墠時不親迎也手曰昏姻之道缺

俟我於著乎而親迎之礼廢唯俟於已家而已自著而庭而堂所呂狀其不礼教惰之怠[illegible]也礼適日以淩遲著言門内屏外也是君子家而非庶賤也乎而猶手爾充耳以素乎而充耳瑱也但此主紞而曰以素也瑱與紞合而言之充耳也瑱以玉石牙角爲之紞懸瑱之緌也無冠兩旁以素素絲織之尚之以瓊華乎而尚加也言以瓊華懸於素紞也瓊言玉色美也其美如華故比而美言之尚書華玉仍几稱天子傳賜以左佩華注玉華之佩

俟我於庭乎而充耳以青乎而著之素庭之青堂之黄明是三人也講之著須爲三女相會互誇其天之美也不然每俟改飾於理不通詩唯寫親迎之礼廢輕忽日甚耳呂氏云但行婦至壻家之礼每節昏俟之誤矣尚之以瓊瑩乎而瑩本榮字从玉

蓋後世字雖从玉仍是榮義也爾雅木謂之華草
謂之榮夏小正榮堇采芸采鞠皆言華也瓊瑩亦
言美玉如華也山海經黃帝取峚山之玉榮注玉
華也舊說以玉瓊爲美石不通豈泥唯人君玉瑱
欲詩不可泥耳
有衣錦褧衣

俟我於堂乎而充耳以黃乎而張彩去服飾不同自素而丈俟處不同以漸而近

尚之以瓊英乎而爾雅榮而不實者謂之英亦是華也離騷懷琬琰之
華英又登崑崙兮食玉英易林飲食玉瑛从玉後
世字〇著庭堂素青黃華榮英韵語而適當巧哉

著三章

東方之日刺衰也變風刺淫莫猥褻於是詩東門之墠猶有廉恥之心溱洧桑中
猶有羞遠隱者曰刺衰者甚之也序文精切
蓋齊俗闊達及其淫放亦有甚於列國者也

君臣

失道男女淫奔君臣示日月之有寓意也禽荒成浴見於還君臣色荒之傷國人亦可知不能以禮化也東門之墠亦曰不待禮子曰有犯淫亂之獄者則飾昏聘之礼昏聘礼廢如著而君臣不知飾之淫亂至此亦可以止之礼化字可玩不與經覆字相涉

東方之日兮彼姝者子在我室兮賦也東方既明淫女來而在室也不畏日月之光明而恣其淫行衰亂之甚也人雖甚淫無不憚日月者是詩稱日月者寓君臣在上人無忌憚之意焉此序所示也豈以東方之日直比齊君乎時君臣色荒男女之礼不正故衰至此

在我室兮履我即兮男即女相讓夜深而歸寢女踐其迹而來則天既且矣不知恥已甚履我以著非唯是女為婁豬而是男登已為艾豭之意焉句也〇子曰不踐迹亦不入於室是詩踐迹而入於室也古雅之辭或有所相因

東方之月兮彼姝者子在我闥兮闥說文門也韓詩門屛之間史記樊噲排闥直入正義宮中小門按小門近是在闥未排扉入也月是既生魄之後也男以昏閒行而女踵之復來也若有人兮于我闥蕭櫳白兮山吐月是男始驚遽矣夫邪淫不避日月是國如無主宰君子寓意所存焉或日月喩姝子子美盛猶神女賦始來如白日少進若明月淺哉

在我闥兮履我發兮發言發出而來也即即我也發發彼也

東方之日二章

東方未明刺無節也鷄鳴息慢之甚者無節言不夙則莫也

朝廷興居無節興晨起也居是帶言號令不時号令言召之令之挈壺氏不能掌其職焉是緊要句也無是句顚倒衣裳不可知其爲何故夫君不夙則莫漏刻之

遲速唯其心所欲使挈壺氏告時於朝故夙則朝者皆顛倒衣裳也鄭公歸罪於挈壺氏大誤

東方未明顛倒衣裳君蚤起使挈壺氏報曉故士大夫忽遽狼狽如是是日突然蚤朝故也顛之倒之自公召之顛倒間又自公促之所謂号令不時也

東方未晞顛倒裳衣晞乾也白露未晞匪陽不晞皆同此亦言東雲待日而燥白也毛傳明之始升亦是意歟倒之顛之自公令之

折柳樊圃狂夫瞿瞿比也柳雖不足為樊狂夫猶且懼而顛之不敢犯也以比興居歷有節則人皆自戒不至狼狽顛倒焉○柳易植折而揷地則植蓋古實有是樊而詩人詠之也

不能辰夜不夙則莫君之興居全無節故掌晨夜者不能晨夜啍且不早則晚若常夙則豈至顛倒衣裳乎苟莫則日出三商久伸假寐亦見於言外矣夫朝者待挈壺氏告時而

入漏刻雖有常君任意進退之是以挈壺氏不能掌其職焉

東方未明三章

南山刺襄公也以下六首皆以襄公敗國終之**鳥獸之行淫乎其妹**造語激甚與經文相應**大夫遇是惡也作詩而去之**也字據足利古本句末無助字揷之中間変文也〇去之於詩大有發明若不去則是詩不可以訓已

南山崔崔雄狐綏綏比也南山比君位雄狐比襄公綏綏無尾有求匹鳥獸之行也大夫棄馬來為是激辭忠也其諫烈目君曰雄狐猶魏之碩鼠直諫去君故也說者不知去之之義殊為孟浪周禮外內乱鳥獸行則滅之**魯道有蕩齊子由歸**齊魯之道蕩然而行人彭彭文姜旣由是道而嫁**既曰歸止曷又懷止**曷又者可以止之辭

也襄公素與妹淫史記不過甲儒所以諫桓公亦知是姦故也猗嗟序可照考在室之醜尚可醫也播於諸侯已甚其故曰曷又懷天下有道九代之法無大於滅之國滅則大夫亦滅故烈諫以去

葛屨五兩冠緌雙止 比也比貴賤上下各有配耦焉說苑親迎之禮諸侯以屨二兩加琮大夫庶人以屨二兩加束脩按諸侯二兩當作五兩或是五色歟必有以五為礼而言之也緌纓之垂者○韓非子屨雖五采必踐之於地案非一屨五采也

魯道有蕩 自王道蕩蕩來

齊子庸止 齊子蓋因魯之稱也否則齊詩而謂齊女為齊子邪與周王衛侯魯侯差異

既曰庸止曷又從止 庸猶由也從如載驅疾驅於通道大都

蓺麻如之何衡從其畝 與也一横一從與父與母焉東西為衡南北為從小雅南東其畝是也說從横頻耕恐誤

取妻如之何必告父母 子曰已殁則必告其

廟如楚公子圍告於莊共之廟禮曰齊戒以告鬼神

既曰告止曷又鞠止　魯侯既告為己妻襄公何故又為是鞠亡之行乎淫魯夫人則悪播於諸侯故後二章繫桓公言之非譏桓公也曰鞠曰極皆自其淫行至醜序所謂悪也

析薪如之何匪斧不克　興也自豳風黜化来唯斧能割一木為二不可復合唯媒能合二姓為一不可復貳

取妻如之何匪媒不得　魯侯立媒妁以礼聘之

既曰得止曷又極止　極是醜悪之名書云威用六極注窮極悪事也曷又者譏其不改前悪又重其醜也鄭箋非桓公序所不示其誤斷然大夫去國大事也何遑指摘外人

南山四章

甫田大夫刺襄公也　諫求大功諸侯真是大夫之任

無禮義而求

大功大功釋甫田也曰諸本無其字不脩其德而求諸侯遠人不服脩文德以來之是道志大心勞鄭語齊莊僖於是乎小伯襄公是僖公子故妄有大志如師于首丘殺鄭君轘高伯可見所以求者非其道也不求以其道也釋卒章

無田甫田維莠驕驕興也求大獲於分外昔不勝其莠無思遠人勞心忉忉不能邇而圖遠者勞而無功矣爾雅忉忉憂也陳詩心焉忉忉

無田甫田維莠桀桀桀驁之桀猶驕並有強梁跋扈之意須云有厭其傑無思遠人勞心怛怛檜詩中心怛怛兮傳傷也左傳知武子曰若能休和遠人將至

婉兮孌兮總角丱兮內則未冠者拂髦總角總裂繒為之束髮以為兩角其形似丱字未幾見兮突而弁兮比也未幾見言再會回頭恍如昨夢也人情所恒有

故曰未幾而見童子有日長之道則致其道至加冠也以此以其道求之則有益於得焉有礼義則大功可得脩其德則諸侯可得是似迂却捷故曰未幾突弁◯或云此童子而假成人之容者也或云只是賦襄公之童心妄行也並未優舊說

甫田三章

盧令刺荒也子貢傳襄公好田大夫風之若說與還同是詩不錄可矣襄公好田獵畢弋齊語襄公田狩畢弋不聽國政而不脩民事左傳后羿不脩民事而淫于原獸又晉悼公脩民事曰以時古文不期符合如是百姓苦之苦樂之反二句大發詩中起故陳古以風焉

盧令令其人美且仁耳聞其環声而欣欣然喜也疏引孟子今王田獵於此鼓吹詩

意於詩發洋洋之音毛公亦似據孟子盧黑大疏云環在頷下○循民事田以時故百姓樂之

盧重環

目逆而望之愛其人而譽其大疏云大環貫一小環

其人美且鬈

懷其仁而尊其客鬈鬈好貌小雅卷髮如蠆言髮末曲上也○左傳若見君面是得艾也而掩而以絕民望

盧重鋂

疏云一大環貫二小環

其人美且偲

朱注偲多鬚貌得之余說詳左傳考

子思下後世作鬈顒○仁懮之君民仰之如父母上下道阻不得拜塵然每飯無不感戴其德及聞其出狩老幼婦子相携以俟于巷如嬰兒之慕慈母見君之面和適皆喜曰吾君康無疾病歟何以能田獵也盧令之再詠其顏狀須以是觀感之短章有何限雋永○白公之亂楚人不許葉公之胄而掩面仁君之面民爭而瞻望之不亦宜乎然發序則還乎叔于田乎安乎為謠詩亦可也耳

盧令三章

敝笱刺文姜也齊女也故不稱魯上曰刺文姜下曰惡魯桓公其辭嚴若主惡桓公則篇次當在戴驅之後齊人自此三篇皆稱齊人齊魯相錯故也惡魯桓公微弱桓公曰惡莊公曰傷脩辭不苟且敝笱之比所以惡也朱子云桓當作莊大失序意子貢傳亦為魯桓公不能防閑文姜襄公之姦舊故申繻諫之然公不能制猗嗟則加以礼二字序文精哉使至淫亂為二國患焉文姜淫乱言會于濼遂如齊襄公又通焉禽行既久故曰曷又懷止曰人以為齊侯之子序固以禽行為既舊矣

敝笱在梁其魚魴鰥比也敝笱比桓公魴鰥二魚以比文姜猶九罭之魚鱒魴比周公邑異國之君故其辭激疏云孔叢子衛人釣得鰥魚其大盈車本草注鰥使而難取喬啗同類其性獨行齊子歸止其從如雲與齊子由歸同其嫁時從之者如雲之鬱起

敝笱在梁其魚魴鰥鰥大而獨行鰥雖小而旅行是詩人所以比焉魴美魚詩人多詠之齊子歸止其從如雲如雲時言其盛如雨殆昏墊大雨淫雨小城爲沼

敝笱在梁其魚唯唯獨行旅行悠然自恣也卒章變二字只是結法齊子歸止其從如水有大決所犯傷人實多之勢是詩刺文姜而惡桓公惡故激刺桓公也顯而刺文姜也微是謂齊志是詩之作蓋在齊人殺彭生之前後欲南山首出者編集之宜也

敝笱三章

載驅齊人刺襄公也是詩嫌獨刺齊子而魯人作故特曰齊人猗嗟有展我甥句故無齊人序首句表國者四牆有茨鄘人士白華及是也皆有其義無禮義故諸侯朝會宜從礼節而盛車服故曰無故盛其車服齊語襄公食必粱肉衣必文繡戎車待游

車之發

疾驅於通道大都 疾驅起發詩中意也通道言魯道也大都言汶水也

與文姜淫 齊子翱翔齊子遊敖

播其惡於萬民焉 惡醜惡也南山所謂過是惡之惡播左傳播於諸侯之播萬民因行人彭彭儦儦而成辭也序無萬民字唯是一出

載驅薄薄簟茀朱鞹 薄薄疾驅声爲襄公之姦心如火也有張京兆以便面推馬之勢簟茀以竹為方文席蔽車後戶亦出来芭鞾要非婦人車也皮去毛曰鞹朱漆以飾車〇疏云用竹為席其文心方

魯道有蕩齊子發夕 發夕言以夜發出也左傳秣馬蓐食潛師夜起曰齊人之於文姜在敝笱則齊女也敝笱三出其言屬於魯侯也在載驅則魯夫人也魯道四出其辭徵於襄公也故敝笱似刺桓公載驅似刺文姜所辭在彼而意實在此序所示是也

四驪濟濟垂轡濔濔 襄公疾驅是車馬決驟道路而来也濟濔皆从水蓋取其盈而

進所謂車如流水馬如遊龍之形容魯道有蕩齊子豈弟豈弟喜色欣欣甚自得也言其舄閒詡詡恬不作人發夕始就道也豈弟途中得意也

汶水湯湯行人彭彭汶水在齊南魯北襄公自北文姜自南相期而雄雄會於此也或疑春秋無會汶之事是復何疑魯道有蕩齊子翺翔

汶水滔滔行人儦儦齊魯之境行旅肩相摩誰是君而可頼無恥乎魯道有蕩齊子遊敖翺翔者逍遙遊步也遊敖者燕樂歌舞也由魯道來而翺翔遊敖于汶也魯莊公時文姜宜淫不忌是詩必在其時矣

載驅四章

猗嗟刺魯莊公也此十之餘也載驅木瓜在十之外齊人傷魯莊

公上下冒國載驅木瓜一側有威儀技藝詩中所詠然而不能以禮防閑其母子而可以防閑母者唯是禮而已古文哉周公以來豈有君母會諸侯之礼乎與敝笱同語而添以禮二字精矣失子之道使母入載驅之詩非子之道人以爲齊侯之子焉公羊傳夫人譖公於齊侯公曰同非吾子齊侯之子也史記襄公故嘗私通魯夫人及桓公來而襄公復通焉桉私通既久所以有是流言也

猗嗟昌兮猗嗟歎美也疏曰傷歎非也頌云猗與那與昌言容良壯大頎而長兮抑若揚兮三句一轄昌者容之盛壯長者身材之脩揚者氣之發朗爾雅抑抑密也言恭而安大雅威儀抑抑若泆若之若揚揚休玉色之揚美目揚兮目清而其眉揚色起也毛公得之疏云眉上下曰揚○前揚上屬此揚下屬故字重不妨巧趨蹌兮徐趨疾趨之巧

蹌蹌也周語目以定體足以從之左傳視不道容此曰美目揚而巧趨者美其目以導進退周旋之巧而目體相應也將射而進之儀

射則臧兮 通篇賦大射之儀藝臧猶子善於某乎

猗嗟名兮 爾雅目上為名說文引詩作顯云眉目之間也此美其目上揚猶揚且之顏騂且角之例

美目清兮 視容清明之清二句特美其顏狀公羊傳宋萬曰甚矣魯侯之淑魯侯之美也天下諸侯宜為君者唯魯侯爾言莊公也○是章上二句次三句末一句可味

儀既成兮

終日射侯不出正兮 威儀既百備而射不出正也晝布曰正○侯當作兮古侯兮相用故大風三兮又作三侯寫者因射侯熟語不改耳

展我甥兮 鄭公明明

猗嗟孌兮清揚婉兮 受我甥而言其妙年可憐之姿婉孌出甫田候人不可施於巨人莊公十三喪父廿一而襄公弒其年可推

舞則選兮 周礼大射詔諸侯以弓矢舞又

師射夫以弓矢舞。是射者有舞也。選，出倫也。

射則貫兮

射礼不貫不釋。是章二句相耦，每章皆変句勢，詩人立格，不可混看。

四矢反兮以禦亂兮

四矢反，所謂参連也。前放一矢，後三矢連續而中也。禦乱，有不能毋乱之數。朱注引以金僕姑射南宮長萬。防

猗嗟三章

齊國十一篇

鷄鳴　還　著　東方之日　東方未明
南山　甫田　盧令　敝笱　載驅　猗嗟

毛詩考卷八

毛詩考卷九

魏國第九

左傳周樂之敘自齊以前全同毛詩自齊而豳而秦而魏而唐而陳而鄶以下也蓋豳次齊猶史記世家之例秦先唐者東遷時秦有勲力大賚土田而曲沃篡逆王命遂并吞翼爲是故欽毛檜者鄭桓武滅之魏詩之敘蓋夫子刪定也者晉獻公滅之二國滅久文獻無徵故詩世無傳夫子正樂之時亦因前世之傳說存其義者欽()或云魏入晉人矣其詩宜皆爲晉而作其在唐之先猶邶鄘之於衛案古義無是說季札明分魏唐論之且魏詩以碩鼠終則魏魏滅入晉故自魏而斯非唐詩附於唐之前

葛屨刺褊也

因詩文也褊是寛仁大度之反

魏地陿隘其民機巧趨利

地狹則爲機變之巧以射利亦自然也

其君儉嗇褊急而無德

以將之也也字擄足利古本補口機巧趨利明其
君當以德教率下使士民知義方以周其
土疆也然儉嗇不能施褊急不能容賤小利而不
能振國俗焉口是序曰無德次曰不得札次曰無
德教今季札所謂以德輔此明主也正權符合杜
預云惜其國小無明君案魏始於儉嗇以貪殘亡

糾糾葛屨可以履霜賦也葛屨刺其衣服儉嗇次二篇刺其飲食儉嗇三篇相聯口

朱注疑是縫裳之女所作案明是女縫之辞也作者未可知

摻摻女手可以縫

裳君使弱女縫衣裳故詠弱女之言以風之

要之襋之好人服之要裳要也

襋衣領也以其在上者言之猶曰裳兮衣兮之字
鶺之鴒之一例通篇弱女之言故婉曰葛屨宜夏
且賤然屨霜有以不可要未曉裁縫然縫裳亦有
何不可女手所縫要也襋也君子其服之

好人提提好人弱女稱君女子辞也爾雅媞媞安也相通

宛然左辟婉如清揚同言

其可愛亦女子辭氣也以右為尊故辟右就左**佩其象揥**言貴服而克讓也猶公劉佩玉容刀而陟降於山**維是褊心是以為刺**君子安舒而讓不敢以貴驕人誰曰不可然一泒褊心德度有闕是妾所以掩口於君也為刺語率爾露出亦弱女口氣也「褊心言德宇之不寬也前章所言亦其一端然以孅辭出之則褊心在言外而顧其以德率下以振風俗也夫魏舜禹所都焉禹菲飲食而致孝乎鬼神惡衣服而致美乎黻冕遺風所存詩人傷今而風之故曰葛屨履霜女子縫裳亦忠信重祿廣施率民可以固家國故皆曰可又讓國美德也然卑屈而不能御臣下則左辟亦有失風裁君人者度量寬弘德以率下為要肩肩行小讓見小利而已可邪

葛屨二章

汾沮洳刺儉也高古哉豈秦漢人所能繫哉**其君**別本作其君子非也不鮮

詩每添字耳，三篇相比皆曰其君，又何疑。

儉以能勤

儉勤大禹美德也，序文映帶美無度，甚精織矣。

刺不得禮也

非刺儉也，刺其不得礼也。不得礼則其儉非儉，是呂刺其儉。

彼汾沮洳言采其莫

莫可生食，又為羹。有公路就汾水漸湿之處而手自采，是菜以供家啖也。沮，沮澤之沮；洳，漸洳之洳。

彼其之子美無度

儉以能勤，寔美德也，故先揚之而後抑之，與葛屨重用可字，其善喻正同。

美無度殊異乎公路

殊，語辭也。公路，以公行例之，蓋文官掌德車之行者也。疏以公路公行為一官，然分而詠之，則魏國文武異官故也。儉勤雖大禹遺風乎，身居公路之官，自執卑賤之事，与細民爭利，不得礼者也，故曰大異。

彼汾一方言采其桑

公行在一方，我自一方望之。采桑，妾婦之事也。公行，熊羆之任也。莫与蕢皆給家中啖，唯桑不与，上下類別，帶是義。

彼其之子美如英

顏如舜英

之英照采桑而与如王成對辞之巧也

美如英殊異乎公行公行主公戎車之行晉成公時歸之嫡子為公族其度子為公行則公族貴於公行乃知公行又貴於公路

彼汾一曲言采其藚公族在水流曲處而采菫頭菜也公族即公族大夫也公之子弟卿大夫之適子屬焉以受教誨

彼其之子美如玉愈貴而能儉以動故比玉

美如玉殊異乎公族是詩以官職之叙成章自公路而公行而公族順而躋之其上者是誰邪所謂半身美人於不畫處著精神者刺三官即所以刺君故序曰其君在古義詩之本體從來如是說者以詩中不言君故每疑序文以臆贊字何哉三官皆有公字亦詩人風規之巧也○公行公族據左傳而擬其貴賤可也然以晉成公時事遡而斷歸之適子庶子不可也

汾沮洳三章

無度 如英 如玉 沮洳 一方 一曲 莫 桑 藚

園有桃刺時也時士大夫不知儉嗇之非也葛屨藉口於女縫其辭最婉矣汾沮洳举三官規之猗曰美如玉婉矣園有桃則圭角殆露發是三篇之異也

國小而迫與秦晉接界**而儉以嗇不能用其民**民懷惠者也其君儉嗇而民不為之用**而無德教日以侵削**二而字相對國雖小迫而儉嗇不能用民又無德教故國日見削也曰迫曰侵削是序始見以示心之憂四出之意**故作是詩也**三篇魏之所以削小也次二篇言其削小也又次二篇儉嗇之弊遂貪以亡也

園有桃其實之殽言儉嗇也公儀休拔其園葵之反是詩大夫刺時者何必直說君之為邪儉嗇成俗焉桀而雞豚伐氷而牛羊唯利是趨故極言之然憂時憂國也憂國憂君也故序繫君而举時弊所自來与大夫憂心所以甚詩句豈一一指君刺之乎**心之憂矣我歌**

且謡是詩与墓門似歌謡猶歌以訊之長歌哀謡以風於人也歌又謡猶左傳公使歌之遂誦之可味○詩唯挙食桃而下逮何限憂心是不易曉故序數國將覆亡之勢使人曉大夫所以大憂也不我知者謂我士也驕咎我曰夫夫傲人矣鳴催曰哀鳴磬磬比悲歌浩艱其下曰維彼愚人謂我宜驕士也猶墓門之夫也彼人是哉子曰何其彼人敬桃者也是躁也彼人節儉有何不躁子之歌謡果是何故邪二句表儉嗇成俗上下胥溺也人皆以織蒲種葵為是耳心之憂矣其誰知之忘大難溺小利君臣如一大夫傷無同心足與謀者也其誰知之蓋亦勿思大廈將覆非一木所支我既無一知己憂之何為自今除却人事不復思耳此詩人決絶之奮于言者園有棘其實之食小雅棘實謂之棗埤雅棗大棘小棗高故重朿棘低故並朿案古

人愛棗爾雅載棗十一種夏小正豳詩並有剝棗史記應侯因秦飢請發五苑棗栗可概見矣棘亦棗之不美者桃果之下者並著吝嗇悪食与民争利**心之憂矣聊以行國**出而求知己者也墓門曰國人知之**不我知者謂我士也罔極**罔極無紀極也循曰無道是甚於驕矣朝廷無人故行國求之衆皆以僕畜為是咎我滋甚曰夫夫歌謠蔑上傷俗是挙一國而無知我憂者也甚言弊俗滔滔以結之故下只反覆前章是詩人命意所存**彼人是哉子曰何其**大夫所求知己固非庶賤彼都人士既以是嚇我矣至於懸鄙亦唯聞是嚇声而己**心之憂矣其誰知之**至是都鄙全無知者**其誰知之蓋亦勿思**至此大夫亦己焉哉決絶滋奮憂思滋切是謂詩境

園有桃二章是序宜與檜羔裘序並考序法相似

陟岵孝子行役思念父母也魏大舜所都豈其澤未全斬欲痛哉衰世之君刺褊而不德以率下刺儉而不顧其礼刺時而不思其憂迫於大國不能聚民以財國人離散終使歷山孝子再号泣于旻天于父母非父之頑母之嚚告之則頑舍之則嚚檮杌之敗德有人也夫長國家者其可務財用乎是序意也而特國迫説孝子思親之詩者不知周樂之本耳

而數見侵削曰以侵削將侵而亡之辞也數見侵削皮幣玉帛不得免之辞也可味○汲古本及辨説無見字闕孔疏文時有見字也是利古本及邪刻本迫上有小字釈文本或作國小而迫數見侵削誤案無小有見蓋古文

役乎大國一句明了魏國豈別有遠役乎

父母兄弟離散而作是詩也可見周樂本意所在也凱風美孝子其褊之邪國所以亦淫風流行也雅有蓼莪刺幽王也風有陟岵豈唯為一孝子而作乎故序不明則詩乃亡

陟彼岵兮爾雅山多草木岵無草木屺毛傳寫誤卷耳宛丘同**瞻望父兮**彼岵彼屺非一山也有跋涉升降日遠庭闈之意我昔東遊千里每至山高首必旋而心西悲悄然悟是詩之妙矣**父曰嗟予子行役夙夜無已**行而不已也小雅或不已于行不言我念我而言父念我何等神妙**上慎旃哉猶來無止**上尚同尚自受哉行役雖剿猶且來歸勿久淹於遠方矣○爾雅猷肯可也郭注引是詩作猷惠然肯來及是猶來皆有可義

陟彼屺兮瞻望母兮客路悠遠行行不已每至山高望鄉處乃顧瞻故鄉而心乎白雲飛也**母曰嗟予季**季子最可憐是子有兄字亦昭應**行役夙夜無寐**役事鞅掌不遑寐也曰予季曰無寐曰無棄皆慈母口氣也**上慎旃哉猶來無棄**棄言棄毋不來也孝子思父母常曰行則無已舍則無寐遠役艱難人情惝怳霜露之患

亦不測然父母在堂胡寧不自愛乎異鄉不可久止母之尸饔棄慈闈而何適兒也今且來歸幸勿軫念哉竊己念父母之意以為父母念己之辭所以慰之也父母見之何不曰兒行役雖苦念我愼旃無止無棄來不日矣乎且在客路而詠父母憐己之情則他人莫我顧莫我有之意亦見

陟彼岡兮瞻望兄兮葛藟亦以父母与昆為三章兄曰嗟予弟行役夙夜必偕兄弟離散而与他人偕也与衆偕則不得獨息而百事多厭煩亦憐之也以必偕相憂為結上愼旃哉猶來無死比父母其辭直然以是著客死亦多也

陟岵三章

十畝之閒刺時也是時民有離散之勢而上不省故風之言其國削小釈十畝也前序曰魏地陿隘次曰國小而迫次曰國迫而數見侵削此曰國削小立辭皆变

民無所居焉 釈行与子還也經之十畝甚言之故是句亦甚言之也

十畝之閒兮 桑地十畝而成一區域甚言其陋小也

桑者閑閑兮 采桑者稱也臨衡閑閑旅楹有閑並与閒通作也字書分二字而辨駁之然二字混既久

行與子還兮 行猶去也還還家也桑者相告曰如是苦境人亦寂寥子去則我亦偕還矣民急而不懷生既有離散之勢碩亂呼大邦為樂土則十畝之為苦境惟安居之民無所居亦舍相携而去之意

十畝之外兮 指外別成區域者

桑者泄泄兮 息沓弛緩之良米蘇柈柈之反雖頗多人亦皆息矣外亦泄泄我何獨勞矣

行與子逝兮 逝亦適歸家也然曰逝則風意轉切樂郊之行含言外矣〇國日蹙民不懷生各有離心故君子作詩曰聞桑者之言曰桑土狹而人亦息相苦而以空筐去矣其辭止於是序釈之曰土地之狹人削之也人之削上無德也國日削

小而思澤不施民之怠不亦宜乎不桑則凍民豈坐而俟身死乎所以相攜去國也

十畝之間二章

伐檀刺貪也（儉嗇之弊遂至於貪非古義誰知是詩）在位貪鄙（因懸貆懸鶉）無功而受祿（因取禾）君子不得進仕爾（因首三句）

坎坎伐檀兮（檀善木也伐之將以為車大雅檀車煌煌）寘之河之干兮（置之以俟用也）河水清且漣猗（以上三句比也爾雅大波為瀾鄭注言漣瀾案爾雅引詩為瀾義同有隱君子伐檀而寘之水干則俟風來而水生波人意洒然也伐檀比君子藏器乎身也寘之比不得進仕也清漣比其德潔白也是比兮葛覃黃鳥于飛三句同體全為賦以說之未善）

不稼不穡胡取禾三百廛兮（詁在位也種曰稼斂曰穡三百言多也左

傳距踊三百鞭之三百

不狩不獵胡瞻爾庭有縣貆兮

曰爾曰彼詩主刺貪故也古義明明爾雅貉子貆以貉子豕子為言舉其小者以著其貪鄙而細事亦納賄賂乎禾三百相及用字極巧

彼君子兮不素餐兮

飲饌曰餐彼河于君子不若爾無功受祿也是詩自旁詠君子小人之態美高潔而刺素餐二胡字詰之也

坎坎伐輻兮

伐檀以為輻言伐輻材也

寘之河之側兮

所謂伊人在水之湄亦周之遺賢也彼何人斯在河之麋亦言居僻地也寘河上亦有考槃在澗之意

河水清且直猗

爾雅直波為徑伐輻曰直伐輪曰淪上下相應

不稼不穡胡取禾三百億兮

億是萬億及秭之億古或以大數或以小數夫廛以其祿言故先之億以象數言故次之囷是積象故後之是詩之敘

不狩不獵胡瞻爾庭有縣特

兮據爾雅特是豕子也与貆一意大波之漣言貆
特小波之淪言鶉直波言特文並有所相承古者
特植通用則彼君子兮不素食兮彼君子藏弓矢
特有直義以俟高墉之隼
其志清潔不希世求售爾胡
不舍爾素食使其得進仕哉
坎坎伐輪兮寘之河之漘兮伐檀是奇而伐輻伐輪
相偶鈞是檀則其為良
材一河水清且淪猗爾雅小波為淪郭注言蘊淪
也傳所謂小風水成文轉如輪
者不稼不穡胡取禾三百囷兮囷圜倉也盖積禾
秉圓而葺屋之者
匠人記可考億因三十輻
囷因輪詩人措辭何巧不狩不獵胡瞻爾庭有
縣鶉兮貆特相耦鶉則奇滋著其貧之鄙也莊
子未嘗好田而鶉生於突似取於是句彼
君子兮不素飧兮飧水澆飯也魚飧之飧
猶饔飧之飧是唯言食

伐檀三章

碩鼠刺重斂也國削小而上入不足貪鄙者唯筭沒民已遂以滅亡國人刺其君重斂蠶食於民國人通貴賤不止細民也食黍而及麥遂食苗是蠶食也國削小民離散皆前出故此不言及不脩其政能脩其政則可以無蠶食矣曰德曰礼曰德教曰政義各有所當貪而畏人若大鼠也畏人是陳風愿而無立志之類畏大國而不知國無小自棄而不脩其政如役手大國父母兄弟離散可以見矣経不必説及畏人然曰畏人猶左傳葛藟猶能庇其本根比之體旁通可以觀古義也左傳抑君似鼠晝伏夜動不穴於寢廟畏人故也古称鼠則有畏人之意亦可見

碩鼠碩鼠無食我黍比也嗟女大鼠怖大國如猫而張虎口而食我是已而已為去

者之辭故激甚烈諱猶齊之雄狐鶉以比君亦何疑碩鼠下必爾雅鼫鼠

三歲貫女莫我肯顧貫習也君之昵臣曰近習此密邇其君而有職司者也非言小民三歲言其久也非有職司者三歲字久妥

逝將去女適彼樂土逝發語辭也出日月樂土蓋晉國也貫女者去女則廢民離散可知已

樂土樂土爰得我所

碩鼠碩鼠無食我麥食麥甚於食黍也重斂如是而民人離散三諫不聽君子可以去矣

三歲貫女莫我肯德不以我為德也邶詩既阻我德去婦自稱也貫習君者猶且背君去以著去者之多也

逝將去女適彼樂國晉獻公十六年滅魏當閔元年是詩蓋去滅不久

樂國樂國爰得我直唐詩曷其有極曷其有常是直也以民言之五畝之宅百畝之田所也養生喪死不飢不凍直也樂土曰所樂國曰直樂郊曰

永号文之承應甚精在考工記古之器物度數精密文之為器不唯物也是以精矣

碩鼠碩鼠無食我苗食苗甚於食麥苗蓋稲苗也過麥秋而方苗疏云非象食莖葉實生於苗故傳曰嘉穀案嘉穀黍稷稲粱也傳亦似指嘉穀之苗**三歲貫女莫我肯勞**不以我為勞也奬順其美匡救其悪德也夙夜匪解以事一人勞也二字相偶而承一顧字近臣君所思私有德有勞而不顧則他甚焉可知**逝將去女適彼樂郊**民有寢廟歎有茂草樂土也百室盈止婦子寧止樂國也饁彼南畝田畯至喜樂郊也**樂郊樂郊誰之永號**誰之猶誰其也永長歎長噫之長魏民方悲號於野故曰樂郊豈有悲号永歎若是苦境乎詩唯憂是一句通篇精神在此鴻雁于飛哀鳴嗸嗸言民離散而悲號也

碩鼠三章

魏國七篇

幽亦七篇，檜曹各四篇，兩兩相比，蓋有說欤。二南、邶鄘齊唐並有刺篇。

葛屨　汾沮洳　園有桃

陟岵　十畝之間

伐檀　碩鼠

葛屨嗇於衣，汾沮洳、園有桃嗇於食。序並曰其君儉嗇

陟岵悲於外，十畝窮於內，侵削相匹。

伐檀貪而君子屈於下，碩鼠貪而君子退於上。

毛詩考卷九

毛詩考卷十

唐國第十

自堯涉三代並稱唐至唐叔虞之子变始稱晉詩謂之唐不唯其辞亦参之声音者季札之言可徵且無衣之前八篇是古之晉而非曲沃之晉取於古号蓋非一端

蟋蟀刺晉僖公也左傳史記並曰僖侯昭侯而序皆稱公如春秋之例衛頃公下論之我者檢考發蒙竦然汗流曰嗟序其聖筆歟**儉不中禮**魏序儉以能勤刺不得礼**故作是詩以閔之**僖公以共和二年立在位十八年以宣王五年卒**欲其及時**朝會軍國之暇也詠農隙者詩之辞也**以禮自虞樂也**詩即以礼自娛之辞也**此晉也**以下論唐詩**而謂之唐本其風俗**十五國風因其風俗名之晉詩有唐風俗故因其古号名之**憂深思遠儉而用禮**主蟋蟀而

汎論唐詩季札曰思深哉其有陶唐氏之遺民乎不然何憂之遠也乃有堯之遺風焉國史君子所作詩其音其義皆存古也口蟋蟀唐詩之美者而序之辭与經亞美於戲上哉

蟋蟀在堂侯蟲紀時上古常習豳詩十月蟋蟀入我牀下歲聿其莫今歲其既暮也豳詩於二之日曰卒歲

今我不樂日月其除我可樂之日月其將除去也豳詩九月肅霜十月滌場朋酒斯饗曰殺羔羊乃蟋蟀在堂之時也

無已大康職思其居以下以礼自樂之事也爾雅康樂也居言身之所居也農夫相告曰人生不能無樂須追日月未除人人自樂其樂然甚太樂不可也不思其居必傷財廢事耳鄭公繫君說之序所以廢也

好樂無荒良士瞿受上樂字今我不樂是好樂之辭坊記貪而好樂瞿瞿懼

瞿顧也須無荒而劬良士所爲焉釈訓瞿瞿休休儉也是詩刺過儉而用礼之意存焉古義相符

蟋蟀在堂歲聿其逝莫猶花也逝將無也小雅歲聿
云莫莫采蕭獲菽是詩之敘逝晚
於莫今我不樂日月其邁書云日月逾邁無已大康職思其
外外即居之外也不思其外必有外謗外侮外患
左傳盍釋楚以為外懼小雅鼓鐘于宮声聞于
外歌舞室中而不知耳好樂無荒良士蹶蹶秋訓
附于垣亦必有後患蹶蹶
敏也言知慮旁射周身之防而無釁可乘也蹶是
快樂時退一步之義
蟋蟀在堂役車其休役車收稼上入既畢也変是一
句而詩境了然矣君上虞樂何
論歲月日乎詩唯賦田園樂以閑其今我不樂日
君大國而不能及時自樂若農夫
月其慆慆滔古通用慆慆不帰天降滔德明是互
用言日月滔滔如逝水也除去也邁行也
而慆有逝而不復來無已大康職思其憂憂合居
之意是寘字之巧也尔外言

之思居顧己身上分限也思外謀及外人所聞見也思憂周慮內外不淫於樂也好樂無
荒良士休休休休心廣體胖也以其能思憂而無憂也瞿瞿在目蹶蹶在足故傳於休
休曰心古矣瞿瞿有所顧於居蹶蹶有所慮於外而休休則寬樂而已

蟋蟀三章歲聿歲聿役車除邁慆居外憂瞿瞿蹶蹶休休

山有樞刺晉昭公也昭公是僖公玄孫而文侯仇子也在位七年而見殺當平
王時不能修道以正其國先總提下三不能之事以發端也有財不
能用亦儉不中礼也財在詩衣裳車馬酒食也然序所亦府庫之外皆財也有鐘鼓
不能以自樂況能令人樂乎不鼓瑟不永日亦不能自樂也有朝廷不能
洒掃不能清明朝廷令士大夫議政也○三句皆變政荒受不能洒掃民散

受儉嗇而不能用財財聚則民散何以聚民曰財將以危亡形勢至此詩之所以有圭角也四鄰謀取其國家而不知發明詩人之志也所以稱他人正在此每章下二句殆涉過激故丁寧窾之以示其所以然之意國人作是詩是字今本闕據足利古本補以刺之也詩繫之國人者其辭皆過激

山有樞隰有榆比也比人有其物物有其宜焉二木同類故駢子有衣裳弗曳弗婁子是詩中人也非直指昭公呼之然昭公是意中人故風規所寓亦切矣婁即孟子摟處子摟諸侯之摟疏云衣裳在身行必曳之子有車馬弗馳弗驅疏云走馬曰馳策馬曰驅○設一貴人儉嗇者而告之曰子胡惡食塊坐而不時用其所有以自歡樂乎凡風雅之體無直稱君為子而刺之者況是詩五出是以知非直指昭公也子之渇兮亦非呼君

宜精繹之夫山隰之材以供國用則人君之衣裳車馬不用之民人社稷將焉用之說命惟衣裳在笥卷阿君子之車君子之馬據是則亦賞功求賢之用也此風規所寓焉曰弗曳弗馳者婉而成章耳

宛其死矣他人是愉 他人對己身言之他人有心同非他族也又告曰生而不用則死而為異人之樂不如迨其身以保生樂也二句是人世之常態昭公不知四隣之憂故稱他人是風意也然在詩之辭不可說他族唯死則我有皆為人有之意若說他族不祥而非言

山有栲隰有杻 二木多壽故駢 此取於小雅

子有廷内弗洒弗埽 大雅洒埽廷内維民之章大夫有私朝者而可稱廷内非中庭之義不解序者曰是民間之詩雅哉

子有鐘鼓弗鼓弗考 本朝君所与群臣論政鍾鼓君所与羣臣燕樂是風規所寓焉昭公實懶朝而燕礼廢故聞者足以戒然詩從來不呼君為子直刺之故言之者無罪非古義

無以知詩之所以為詩也宛其死矣他人是保保猶抱有也言以為己物也

山有漆隰有栗車鄰亦二木相駢是人目所朝夕子有酒食何不日鼓瑟是詩挙多物其前篇大異而宛死他人每章不改所以深喻外患也且以嘉樂且以永日廷内鍾鼓盛於衣裳車馬而卒章以酒食結之何邪馳車馬而田獵遊觀鳴鐘鼓而与人樂樂非酒食無以合歡故也夫飲食仁君所㠯懷士民而貪君却浚民以生是風意也嘉樂永日非酒食而何以哉宛其死矣他人入室父死而子弟世及固也然子弟亦別人所謂他人也前人所愛後人不必親之世更則入室者亦變是人境之常而風意靄靄矣朱子不解他人字訕序曰非臣子所旋於君父其注曰他人取子衣裳車馬以為己樂噫唐突不遜雖同輩豈可為是言乎不知詩之本體膚觀其辭者胡得焉噫易有翼春秋有左傳詩若徒傳其章句

則後世何所質傳之猶不傳已聖人無挂漏詩之序猶易之翼春秋之左傳如公穀是齊魯韓已

山有樞三章

揚之水刺晉昭公也與椒聊同規其不制曲沃也昭公分國以封沃大割地以封建曲沃故曰分國左傳晉甸侯也而建國是也據史記昭公元年封成師於曲沃曲沃邑大於翼是時桓叔年五十八好德晉國之衆皆附焉沃盛疆句法頓挫昭公微弱左傳本既弱矣其能久乎考上下篇昭公以儉嗇微弱曲沃以大度盛疆國人將叛而歸沃焉故君子詠其狀以喻昭公昧序者以為叛人之詩詩教之罪人也

揚之水白石鑿鑿比也水激揚而白石為鑿以比沃盛疆而昭公微弱焉水鑿石非一朝一夕水柔石剛本支固然然先今六十年既已有兄替弟興之說素衣朱襮從子

于沃素衣而朱為繡其領繡黼也諸侯朝祭之中衣爾雅黼領謂之襮又出郊特牲既見君子云何不樂有君子在而以沃人為君子唉可畏也見君子而後樂則今之不樂可知今云何其憂互發觀上篇昭公儉嗇民憂而不樂可知故詩人告之使昭公驚懼改屬也

揚之水白石皓皓鑿而愈白也上下相推而義見素衣朱繡從子于鵠奉素衣朱繡以從者必非小臣也以告大臣有傾於桓叔者昭公不可不戒朱繡即朱襮也既見君子云何其憂今日方憂而不樂故曰何故復憂

揚之水白石粼粼釈文本又作磷論語磨而不磷考工記不類於鑿皆同水激揚石為之磷其微弱益甚我聞有命不敢以告人我聞子之有密命然不敢洩子可以入焉左傳晉潘父弑昭侯而納桓叔不克所謂命者或是潘父內應桓叔行期之命歟詩曰沃

曰鶺不避忌諱乃復發是語諫之激烈者與他人入室同其圭角翼有忠臣昭公盍悟乎通篇皆忠臣設為叛人之言以警發君者故至白石鄰鄰則叛人喜翼之將顛覆以勸桓叔速來代者

揚之水三章

椒聊刺晋昭公也揚之水似將仲子、椒聊似叔于田、**君子見沃之盛彊**、加一之字、亦避番同、**能脩其政**、應不能脩道以正其國政荒民散、**知其蕃衍盛大**、盛大非詩之碩大、**子孫將有晋國焉**、故作是詩以風之

椒聊之實、蕃衍盈升、比也、聊猶螽斯之斯、盈升言多也、椒樹甚茂而實盈升、比桓叔盛強而子孫振振焉、據史記、昭公之弑桓叔年六十四、**彼其之子、碩大無朋**、桓叔之德宇寬弘絶倫無比也、是詩亦將歸沃者之辭、稱碩大以規昭公之褊嗇也、史記、桓叔好德

晋國之衆皆附焉案好德言好施也

椒聊且遠條且比也比汏曰益蕃盛有子孫將有晋國之勢焉○毛曰條長朱曰長枝乍見朱近人情漢郊祀歌声氣遠條又律志萬物條鬯禹貢厥木惟條孔傳長也毛傳亦不可設遠遠揚之遠則言其枝幹日長也且語助朱曰歎詞不驚

椒聊之實蕃衍盈匊升平量而匊尖量兩手當多於升**彼其之子碩大且篤**篤公劉之篤言其篤於民以風昭公**椒聊且遠條且**覆此二句者著汏必弁翼之形也一云是詩君子風昭公之辞也不必假將帰汏者之口亦通

椒聊二章

綢繆刺晋亂也後序昭公之後大乱五世此其始也左傳惠之二十四年晋始乱故封桓叔于曲汏是昭元年也**國亂則昏姻不得其時焉**以成滛風

綢繆束薪三星在天三星心也在天昏見東方也是三四月今夕何夕見此良人良人猶好人桑柔黃鳥皆非夫稱子兮子兮如此良人何乘薪至昏雖賤必非一女子兮子兮同人相呼之辭也庶女出樵及夕將束而歸則有人請己者情意惬矣喜曰此何夕而得與是人相見乃呼其友曰甲兮乙兮如此良人何而可乎願其為己同旋而得成室家也時既非時又相私約遂成昏姻國乱而民紀弛淫黷多故詠其狀以規君大夫

綢繆束芻三星在隅芻即薪也周南之蔞鄭之束蒲可徵隅隅東南隅上下章相推而義見是四五月也束芻束楚別設一人以著失時之益甚与著同格今夕何夕見此邂逅不期而會故曰見邂逅之人以良人粲者美之故變其辭以著野合之風子兮子兮如此邂逅何野有蔓草衰世之情也雖辭似意則不同宜照序所示以知其要

綢繆束楚三星在戶是五六月也夏小正七月漢案戶說曰案戶也者直戶也言正南北也今夕何夕見此粲者猶姝者言美男子也有美一人亦通於男女也子兮子兮如此粲者何晉亂乃曲沃之故也本支相伐人情大變國無綱紀遂致淫風猶公子五爭而溱洧作不然文侯仇以功命伯諸侯其國政未必係而壞亂矣

綢繆三章

杕杜刺時也自此三篇一轄此刺君次刺大夫次君子不遇故皆曰刺時君不能親其宗族骨肉離散獨居而無兄弟宗族也骨肉也兄弟也其言重複所以深致意於親親也詩中之志全在茲獨居釈獨行無兄弟因詩極言其寡特也將爲沃所并爾釈胡不向本支戰伐人心不定公族亦必多黨沃者矣

有杕之杜其葉湑湑

比也杜野梨也其葉湑兮零露湑兮皆盛貌杕之杜雖特然而野生以其葉盛故蕃然不孤以比人之一身有宗族兄弟而多賴焉是設一單人詠之單人將陳己孤單故困見野梨于路旁先感人之多賴發之

獨行踽踽

人皆有兄弟我則獨行而無所親也孟子踽踽涼涼

豈無他人不如我同父

同父兄弟也晉語同出九人雖有他人不如兄弟踽踽誰依乎

嗟行之人胡不比焉

行道也猶荀子途之人四句重用胡不字長歎他人之不足恃也非骨肉無為無涕泣者談笑而已

人無兄弟胡不佽焉

再告以無兄弟亦莫我助也○決拾既佽言手指比次也疏云佽古次字相推以次弟助之耳非訓佽為助案是詩以獨行為首引比行是並行次行是隨行故用比佽字姑存考

有杕之杜其葉菁菁

湑言其茂菁言其色○君以一身居萬民之上其不亦杕之杜

乎然宗族相親附如木葉之庇其本根則名器蕃然可以本支百世矣

獨行睘睘豈無他人不如我同姓睘是惸獨之惸嬛煢皆同頌云嬛嬛有疚是詩以同父耳姓為敘口左傳扞禦侮者莫如親親故以親屏周今曲沃間晉其為外侮大矣而君不知以親自屏使骨肉散渙故君子作是詩以

嗟行之人胡不比喻非宗族不足以據之理也

焉呼路人乞憐之辭而其實在乞而不憐以著他人之不可同憂恤而喻君以親親之要至深篤也

人無兄弟胡不佽焉既曰胡不比又曰胡不佽所以喻宗社之危朝夕不相及也閔左傳翼以王命扶助故僅存耳其形勢沃既有并吞之機久矣

杕杜二章

羔裘刺時也自文侯卒昭公封沃至武公并晉六十餘年本支戰爭骨肉相屠是時也

猶晦夜故三
序曰刺時
晋人刺其在位不恤其民也
晋人言
呼故呼
好者在位釋羔裘豹祛不恤釋居居究究其民釋
我人詩之義了然謂之刺時倨究一時成風也

羔裘豹袪自我人居居
祛袖口也豹取其可怖自用
也尚書多見我人言我之民
毖詩哀我人斯釋訓居居究究惡也郭注相憎惡
案居居倨傲究究窮鞫憎惡昂不恤也鄭詩無我惡
惡兮不
寔故也
豈無他人維子之故
晋人曰我豈無他人
可從乎然於子為故
舊故不能奮飛子胡不少加恤我民矣蓋是時本
支去就人心不定而君子不從他人固事宗國見
廢民之不見恤而將歸沃焉故作是詩以戒一時
卿大夫不知大憂者也左傳我豈無大國

羔裘豹褎
褎与袖同袖古文褎
豹袖則成於豹袪
自我人究究
鞫人暴
於傲人
曰予不收札則然矣居居也
民之無辜弁其臣僕究究也
豈無他人維子之好

好舊好也故不必好是故而好者也鄭詩亦先不違故而後不違好序曰晉人曰其民二者不同其民庶人也晉人有祿位者也故稱在位曰故曰好如周萇弘事劉子

羔裘二章

鴇羽刺時也據大亂五世及祿在無衣之前是詩蓋作於晉侯緡將滅之時昭公之後既卒之後也故五世不數昭公大亂五世揚水椒聊亂之本也綢繆亂也杕杜君不親而羔裘在位不恤遂致大亂五世孝侯鄂侯哀侯小子侯晉侯緡也曲沃殺四君走鄂侯緡立二十七年武公為晉侯君子下從征役君子即作是詩者也賢者而編於卒伍故曰下役不得養其父母与北山同憂孝子愛日在其農而廢供養而作是詩也

肅肅鴇羽集于苞栩比也肅肅羽声淒切也鴇似雁而大苞叢生也鴇連蹄不樹止比君子失所而危苦焉小雅鴻厂于飛肅肅其羽爾雅鳧厂醜其足蹼

王事靡盬王事軍旅所謂征役也北門詳之李支攻伐不已且王師數助翼見左傳

不能蓺稷黍父母何怙蓋自王事靡盬憂我父母來而欲報之德昊天罔極之意真君子也或云是民也非君子噫國乱則賢者不遇是亦大乱之所致也

悠悠蒼天曷其有所宗國微而沃強治日未可期也宗國不可滅然國之勢非沃并晉將無治日故有是歎也碩鼠亦先所後直

肅肅鴇翼集于苞棘羽翼行是詩之叙也怙食嘗及黍稷稻粱皆同蜉蝣亦先羽後翼

王事無盬不能蓺黍稷父母何食不唯何怙

悠悠蒼天曷其有極立我烝民莫匪爾極周語神人百物無不得其極碩鼠爰得我直直猶極

也天道之極是別義是詩係己身上而言之須繹古文悟極字古義當然而不得不然是極也

肅肅鴇行集于苞桑行列也鴇羣居如雁成行而飛王事靡盬不能蓺稻粱稻粱急於黍稷父母何嘗不唯何食悠悠蒼天曷其有常鴇之連蹄而樹止失常之甚者故曰何時免苞桑之苦奉菽水之歡以得我常乎

鴇羽三章

無衣美晉武公也美別本作刺大誤孔疏時明明作美而明本作刺是因朱子每言惑失之耳武公始并晉國閱左傳桓八年武公滅翼王立晉侯緡爾後廿六年而王命武公為晉侯中間不記晉事武公并晉在莊十六年其事迹曲折都不可知世家不足信其大夫曲沃大夫也承父祖之業大事始成其美武公人臣之義固當然爲之請

命乎天子之使左傳王使虢公命曲沃伯以一軍為晉侯天子之使蓋虢公歟春秋閒請王命定位者晉惠公文公也亦鐵琤而作是詩也陳武公尊王而不自安之意以美之左变風美詩七篇合是為八但是美其大夫之美之美之也序點水不漏邪說者訕序于是詩無涉

豈曰無衣七兮侯伯七命冕服七章自華蟲以下也唐叔本侯爵則晉固有之春秋閒諸侯命圭用舊物而已武公之志在可取

不如子之衣安且吉兮子卽序所亦天子之使也願其為己周旋安者服美不安於女安乎之安吉者以天子之休命言之燠者以身如挾纊言之燠不如吉則其願七命亦可知曰晉語武公殺哀侯止欒共子曰吾以子見天子令子為上卿武侯權宴可知然大乱殆七十年滅翼後左傳無記載亦久其所以并晉不可考若信史記賂周事僖武公亦大逆無道故雜說難據武公亦纘父祖之志者非獨其罪不痛咎之可也

豈曰無衣六兮得以六命準天子之卿亦所甘不必希翼舊爵是謙辭耳疏云侯伯為卿士依其本命晉先世不得有六章飾辭請命耳非實有也案唐叔以來久遠謂之必無是武斷也礼剏亦有因時而変不如子之衣安且燠兮録是詩而晉乱有著蒍猶二子桑舟之於邶溱洧之於鄭武公雖大夫美之其滅翼之罪固明明唯春秋時弑簒而醜然者多武公則請王命而安之尚賢於舟髦周京者雖美而録之亦何疑滅翼在前廿七年罪自罪美自美不可據世家以疑是序矣自桓叔間晉大乱不弭齊楚擊而滅之唐叔絶祀矣曲沃代宗何獨罪武公

無衣二章

有杕之杜刺晉武公也鴇羽以前古之晉詩也武一美一刺而滿十篇加之獻公二詩蓋有編意

武公寡特一句意住下句即寡特之實〇依然如翼侯之獨居所以

有二杕杜也。**兼其宗族**前序亦有宗族字可玩。詩有三杕杜，並孤特者以為比，蓋杜有特然野生故也。前杕杜比意全同小雅，是篇以別意出之。**而不求賢以自輔焉**賢，言宗族之賢者也。武公入自支別，盡臣其宗族，不求其賢而孤寡特立，故詩人詠孤特者求賢之意以規之也。序文與前杕杜一例。

有杕之杜，生于道左。比也。左僻於右，故曰道左。王制道路婦人由左，東也，南也。孤特者以自比。**彼君子兮，噬肯適我。**噬，韓詩作逝，發語辭。魏詩逝將去女與是句酷似。肯猶惠然肯來，顧其肯來我家也。**中心好之，曷飲食之。**何以飲食之，言以盛設供之也。小雅何錫予之口。孤特者歎曰：身之孤，如獨木之生於僻地，孑然誰據乎？唯彼君子，願不棄我窮，惠然來顧我，欲我中心所嘉，飲之食之，何以當其歡乎。詩之辭止是而已。然曰杕杜，曰君子，曰

飲食語語切於武公如刺心是詩之志也前杕杜刺翼侯獨居武公豈不聞乎詩人長於風規

有杕之杜生于道周曲又僻於左言道所周繞迂回也〇驪姬曰自桓叔以來孰能愛親唯無親故能兼翼今武公以孽入宗而無親猶道曲之杕杜焉

彼君子兮噬肯來遊來遊亦昵於適我〇君子即宗族之賢者也下受以飲食

中心好之曷飲食之非心誠親愛之如是二句則必多不心服者大宗伯職以飲食之禮親宗族兄弟文王世子公子族燕與父兄齒族食也降一等大傳合族以食是詩再舉飲食喻族食族燕之礼也

有杕之杜二章

葛生刺晉獻公也刺其多殺國人也

獻公好攻戰左傳所書十餘戰〇別本無是獻公字足利古本有照下篇則有為優

則國人多喪矣喪死也于

野于域百歲之後其居其室明是哀死喪也詠一嫠婦而著國之死喪若澤蕉是詩人之忘也人誰不死天下多嫠婦人然驅之強戰而殺人之夫使其妻抱無涯之荼毒不仁甚詩無哀哀於葛生悼亡者也舊說以為思存者非也詩人以獻公殺國人甚多殊為是哀慘凶語以警之非尋常離曠

葛生蒙楚蘞蔓于野比也楚及棘墓禁也葛及蘞宿草也野即墓域所在也蘞亦蔓楚于野也葛蘞皆蔓草不可除者詠塋域之物象以比己身依賴於夫也

予美亡此誰與獨處喪矣亡美之亡哀夫之在土曰我獨乎誰居於是室乎

葛生蒙棘蘞蔓于域棘在域蘞在棘辭之巧也陳詩墓門有棘生字一字百感

予美亡此誰與獨息予美在域乎誰獨息於是牀乎小雅息偃在牀

角枕粲兮錦衾爛兮先夫之遺服手澤所存出則含恤于葛蘞入則無如衾枕何葛

蘞感于晝衾枕哀于夜角錦美其辭耳詩唯是二句奇而不偶凡通篇眼目多在於奇句如碩鼠之永号蟋蟀之役車綢繆之邂逅宜注眼處

夏之日葛蘞之感不勝獨處**冬之夜**衾枕之哀不勝獨且**百歲之後**養日之遅遅養夜之曼曼唯是沈痛悲泣**歸于其居**其其夫也野也以至身死也百歲亦言其長域也是大之居也袝葬同穴從之幽宅亦歸於夫也歸字一字百哀于野于域乎于居于室自然映應○人誰不願有生之樂乎生而不樂以待其死生民之不淑豈思聞之乎

冬之夜夏之日再反是句又何巧思夏過冬來冬過夏來永思以涉百歲一語不及攻戰而夏悲不一出長歌哀於痛矣**百歲之後歸于其室**咏墓穴為室以歸骨於夫其意愈切舊說居墓室壙非也鈞是墓壙須玩其辭已域切於野室切於居處于家息于林撫衾枕

而獨且一章切於一章

葛生五章

采苓刺晉獻公也刺其多殺骨肉獻公好聽讒焉好字照前篇獻公有二好一戰一讒多殺民人夫曲沃弑五君逐一君而取翼武公卒而獻公盡滅桓莊之族而晉無公族既殺申生又使殺二公子而奚齊卓子亦皆弑天道可畏獻公二詩為十之仂宜念

采苓采苓首陽之巔比也有人称首陽之苓以為約者以比飾姿言以聆人焉蓋首陽之苓猶華陽之芸雲夢之芹名產也近取之名以蜀薑曹操所疑也名品多贋視聽所宜審焉事之似而非亦同利口覆邦家孟子所詳喻乎是正符人之為言苟亦無信為言猶為說也苟亦猶姑且也審察其可然而後信可也舍旃舍旃苟亦無然世上

多采苓之說故人之言先釈之而不用無遽聽以為然也然猶信獻公聽讒如醻言則飲之故重言以喻之

人之爲言胡得焉人之為說者惡有得其實者乎不可遽聽以信然之

采苦采苦首陽之下比多眩賣之言不可妄信也猶人之譸張人主為幻苓大苦也味極苦苦荼也葑下體有時苦是三草之敘也讒言有毒故比中生曰言之大甘其中必苦讒亦甘於耳而苦於事大讒固不可信也次之者亦不可與也雖小者亦豈可從乎

人之為言苟亦無與信者譸張為幻則信之之信与與從稱吾与點也之与言相雷同也

舍旃舍旃苟亦無然人之爲言胡得焉四句每章疊之然苟亦字相聯故上二句為上朱注亦通

采葑采葑首陽之東山之巔最迷僻也下與東耦晉都在首陽之東故下次於巔東

次於下讒之大者最陰險姦慝**人之爲言苟亦無從**與者猶之相與偕之意也從者有爲之執鞭之勢蓋字之叙也**舍旃舍旃苟亦無然人之爲言胡得焉**以左國觀之獻公之惑於讒甚矣是詩之所以直情剴切有由也夫

采苓三章

唐國十二篇

古之晉八篇武公一篇而獻公二篇爲十之仂

蟋蟀　山有樞　揚之水　椒聊　綢繆　杕杜　羔裘　鴇羽　無衣　有杕之杜　葛生　采苓

毛詩考卷十

毛詩考卷十一

秦國第十一

周楽之叙齊豳秦魏唐陳蓋自獻公之子文公世主夏盟不可叙於秦之後故躋唐而秦次之豈夫子之刪定欲陳國小無主固當後於秦耳以豳終國風蓋大義所存也魏附唐上而與唐升降耳

車鄰美秦仲也唯秦風有美詩三篇凡詩亦盛於列國季札曰大之至也其音可想

秦仲為周宣王之大夫鄭語所謂秦仲諸侯之雋且大蓋称襄公國語考詳之

秦仲始大發明無餘蘊**有車馬禮樂侍御之好焉**侍御釈寺人好容好言君儀也

有車鄰鄰有馬白顛秦祖造父為穆公御非子為孝王主馬故首三篇皆言馬猶周詩多農事□士大夫後至者見車馬之盛而美之下曰並坐則未至可知

未見君子寺

人之令將見則有待人傳君命令之也其事嚴重有威非昔日簡忽

阪有漆隰有栗比也言物有其所以比秦仲之有君儀焉山有樞亦漆栗相偶既見君子並坐鼓瑟待寺人之令而入則秦仲与士大夫燕而樂也或云擊甕扣缶彈筝拆髀之陋已変矣今者不樂逝者其耋今者猶今日也逝者言流年荏苒之人也見其鼓瑟而喜曰生而遇國華焜燁之日今我不開口笑則大耋之嗟將及矣悔之何益〇或云悲歌忼慨勉其及時以成功名即安能邑邑待數十百年之意也

阪有桑隰有楊南山有臺桑楊相偶既見君子並坐鼓簧笙繁囂於瑟秦人必喜之今者不樂逝者其亡亡激烈於耋言化為異物也

車鄰三章

駟驖美襄公也駟驖與駟驪一例襄公在位十二年始命平王東遷以岐豐之地賜襄公始列為諸侯□前序重出秦仲下句合言之此省襄公下句分言之變文可玩有田狩之事園囿之樂焉疏云獵在囿是域養禽獸之處其制諸侯四十里

駟驖孔阜六轡在手在手言御者之良也公之媚子從公于狩媚子蓋公子之有寵者孔叢子有媚女字□公于狩四馬如鐵氣勢盛壯御者執其六轡左右周旋唯手所命寵子從公意氣軒軒車驟卒走而至於獵所□首章言始出二章言方狩卒章言獵畢

奉時辰牡辰牡孔碩奉言虞人遂而至君所也公曰左之使御者以車當獸之左也三殺皆自左膘射之達于右膘髀前肉也舍拔則獲虞人翼辰牡來甚碩者決驟而迫公所公乃執弓命御者騁馬其左而逐之一發而碩牡殪于前也

遊于北園四馬既閑 獵畢而還遊息于北園也既者詩辭也首章言出狩之勢故馬唯美其盛壯此言遊息故馬亦美其儀容也

輶車鸞鑣 乗車鸞在衡与軾之和相應尚肅雍也田車鸞在鑣蓋扶馬勢也鸞鳥自歌鳳鳥自舞多見山海經蓋鳥之美於声者

載獫歇驕 公䡾獵觀于北園馬正其銜體從容無傷怒色駿狗亦載在車上臺池鳥獸我公燕胥割鮮行爵以勞士大夫○狩則媚子在側遊則愛狗在車喜其所媚愛而詠歌之下情親於上也故是獫猲橋猶齊詩之盧令令不然懿公之鶴民怨咨耳 又案據八鸞鏘鏘則乗車鸞亦有在鑣

駟驖三章

小戎美襄公也 車鄰駟驖匹也受以小戎而三篇相聯

備其兵甲以討西戎 曰討曰征伐受前序始命文以示奉王命以有事於西戎是人氣所以奮故詩有興

國氣象

西戎方強而征伐不休言襄公數討之也在史記伐西戎者秦仲莊公文公而襄公只有十二年伐戎而至岐卒一句序是古傳非因史記不辨是已**國人則矜其車甲**詩所以詠軍行之盛也**婦人能閔其君子焉**通篇器械車馬皆婦人美其武裝以勸厲之而後及其私情廢寢食以注心君子以礼自防是能閔也嚴粲云戰武事也君子溫然恐不堪勞苦序所謂閔也案繹序粗鹵能閔字出汝濆殷其雷室家大節也

小戎俴收戎戎車也秦謂之小戎蓋小於廣車故欲俴與淺一義收軫也大車之軫深八尺兵車前軫至後軫深四尺四寸疏云升車自後而入故以深淺言**五楘梁輈**五楘五束也楘言其皮革歷錄然歷錄猶弓之緣曰宛轉束之欲其完固也輈車轅上曲如屋梁**游環**貫兩驂外轡在服馬背上游移無常驂馬將出是環牽之**脅驅**皮條也前係衡端後係軫端當服馬

外脅驂馬將入是皮約之

陰靷

陰以板橫側揜式下之軌故曰陰靷以皮條係兩驂頸而結之

陰板疏云衡長唯六尺六寸止容二服而已驂馬頸不當衡別為二靷以引車左傳兩靷將絕是也

鋈續

鋈言沃白金以沃灌也續言續靷之環環也在陰板是句言係陰之靷其相接續之環鋈以飾之

文茵暢轂

文茵虎皮車中所坐暢長也兵車之轂三尺二寸大車之轂一尺五寸

駕我騏馵

騏色青黑也馵爾雅有二義曰左足白曰膝上皆白○首章主車而馬在一句

二章主馬而械一句車一句卒章主器械而馬在一句

言念君子溫其如玉

言溫良沈毅而非血氣之勇也二溫字及厭厭秩秩君子其有風意欲秦俗亢厲強敢見於諸篇

在其板屋乱我心曲

據地理志秦之西陲山多林木民以板為屋今在邑照考

不說西戎為穩是長征也故大師也在封內西戎方強凱旋無日淹留於草鄙板屋下心緒萬端是

以乱也○首二句車人始出車也次二句牽馬駕之也次二句乘而出也首章雖有馬因車而見

四牡孔阜六轡在手

大烈具阜言熾盛也在手故四牡盛壯也秦之先有爲殷湯御大戊御穆滿御其以御顯著久遠矣二句秦詩重出其遺俗可想

騏駵是中

駵赤身黑鬣也穆王八駿有赤驥郭注即騏驥又有驊騮郭注色如華而赤駵騮同

騧驪是驂

爾雅黑喙騧似脫黃馬穆王八駿有騧騟有盜驪盜色淺也四馬是穆王之乘造父所御毛色

龍盾之合

合二盾載之以爲車蔽合二猶二矛重弓備折壞也黃震云盾狹必以二盾比而合之

鋈以觼軜

觼環有舌者軜兩驂內轡言鋈白金爲觼以軜紐於觼也觼在軾前軜是六轡之外故詠而不淺也○龍盾在上馬奔騰則撥爾欲躍而白金之觼從馬活動光彩旁射是章言馬故是二句亦因馬及之勿茫然讀過

言念君子溫其在邑

邑鄙邑之邑言溫溫

廊廟之姿而寢處於板屋下邑**方何為期胡然我念之**征伐未休正以何時為會期乎我何故如是憂思之切切不能已乎為自疑之辭以見念念不可念之意所以為絕妙也

俴駟孔群騏駵騧驪是駟介也是章因言馬甲而及馬非主孔群**厹矛鋈錞**厹矛又有三角者平底曰錞**蒙伐有苑**蒙雜羽文也伐中干也盖小於櫓大於盾歟周礼司兵掌五盾苑文貌伐又作瞂瞂畫之以雜羽**虎韔鏤膺**弓有虎皮之室而俴駟皆鏤金以飾胸帶也爾雅金謂之鏤鏤即刻金**交韔二弓**疏云未用時顛倒安置之**竹閉緄縢**閉弓檠也狀如弓弛弓則縛閉於弓裏也緄繩也縢約也繩以約閉而後納之韔也○俴駟下列厹矛上挂蒙伐粲爛其中虎韔亦鏤膺上下爭彩**言念君子**是一句每章出之以判上下

載寢載興方臥則起方起則臥寢只是頓睡也呉語王枕其股以寢於地是篇無戚戚之

辞人氣方奮故也

厭厭良人秩秩德音

良人猶曰邦之良也在詩淑人令人好人一例非夫稱也釈訓懕懕媞媞安也是合好人提提釈之又條條秩秩智也望之泰然邦之良而胸中有刀尺條理秩然也德音只是言德也舊說或泥音字說声誉所在若解

小戎三章

蒹葭刺襄公也

平王曰戎奪我岐豐秦能攻逐戎即有其地与誓封爵之於是逐戎有周地是以戰勝開國不与列國同將以是為常驪驖小戎所美亦在車馬兵甲田獵征伐其人情声教可想故君子作是詩以風切之

未能用周礼

与能取周地應未字因未晞未已周礼大發明經義

將無以固其國焉

又將失其地也治新國者宜有所因其俗

蒹葭蒼蒼白露為霜

比也蒼蒼青變將黃也例彼下泉浸彼苞稂比意同夫蒹葭勁

卅也寒霜被之故蒼蒼変色以比秦本俗上嚴猛使民戰栗焉蓼彼蕭斯零露湑兮正与是反周礼辟之天時春日陽和也是序而提周礼古傳明徹

所謂伊人

所謂盟主所謂故國古多語例伊人猶曰其人在是詩指周之遺賢也是句出於白駒亦指周賢之將隱者是詩或本之歟或古有是成語歟

在水一方

言去人不遠也苟知國恤而欲以周礼固國則可謂其人者尚猶在此

遡洄從之道阻且長

寓不求以道則難得之意也出自遠谷遷于喬木一例唯是賦中寓是意而已非比體也東方之日東方之月与是同

遡游從之

考爾雅意遡只是向也逆向而上曰遡洄洄回旋也順向而下曰遡游游浮行也如說文遡游殆不通

宛在水中央

在水一方者居然見之中水也下章曰湄曰涘皆言一方

蒹葭淒淒白露未晞

淒淒寒涼也如淒其以風未晞言將又凝結為霜也首章為霜

以本俗殺伐之氣起之既受王命為諸侯而未能用周禮以懷柔民故曰未晞未已勁草苦寒秋露荐降幾何不馴致為霜乎取周地蔑周礼國將遂變於夷焉秦以其能夏為大君子諷上婉而絞

所謂伊人在水之湄 不得其人則不可以興周禮焉不用周礼則無以移蒹葭凄凄之習焉疏云湄水艸交際之處水之岸也

遡洄從之道阻且躋 遡洄向上流而升故曰躋

遡游從之宛在水中坻 小沚曰坻

蒹葭采采 以詩律推之首章言其色則凄凄采采蓋皆寒涼也

白露未已 以未晞未已斷於為霜之後是詩之叙全在此宅首章奇後章耦己絶無一字深浅

所謂伊人在水之涘 周之遺賢能用周礼者也改肅殺之弊宜反陽和故序稱周礼以示大義或云序周礼當弟五礼及諸侯之事會之秦始列為諸侯故称周礼非也是諸所以取此宜明辨之周礼獨主

詒民言之**遡洄從之道阻且右**躋上也右旁也是下字之巧**遡游從之宛在水中沚**中央之諸也爾雅水中可居者曰洲小洲曰渚小渚曰沚小沚曰坻

蒹葭三章

終南戒襄公也據詩及序終南是先於駟驖然車鄰駟驖小戎三首相聯故在前蒹葭亦能取周地以後之詩也然襄公不可終刺故終南在後猶宜王小雅之敘蓋編意也**能取周地**遂西戎遂有其地故曰能取乎前序未能之能應鄭語秦莊襄於是乎取周土莊是秦仲之子襄公父亦破西戎**始為諸侯受顯服**駟驖所謂始命是也**大夫美之**詩言襄公廟朝之容真大夫辭氣**故作是詩以戒勸之也**也字據足利古本補○序称戒列國唯是已大雅有戒成王三首一以先祖一以皇天只巻阿執成王身上戒之先游

揚其美而微風切之正與是詩符以為戒詩古格亦可矣書曰戒之以休序果高明哉

終南何有有條有梅興也載見辟王曰求其章之意襄公始服命服故大夫望其風采曰何有者即求之之辭也終南周之名山先王所瞻仰以是取興遠如雲漢之於文王豐水之於武王是國風所獨也○爾雅柚條注似橙實酢山海經列子櫟字即柚也二木並有嘉實**君子**

至止錦衣狐裘至言假廟莅朝也方叔涖止語例同以名山之有嘉卉興君子之有顯服焉秦仲以來世有武功故受是顯服為襄公者可不自戒乎○玉藻君衣狐白裘錦衣以裼之

顏如渥丹一句是顏色**其君也哉**立於廟朝儼然有光所謂有斯服而有斯容者也前此秦戎狄之習也今而與中原諸侯列而朝覲會同宜慎人君風裁以滌昔日之陋

終南何有有紀有堂紀山基毛必有據爾雅畢堂牆郭注今終南山道名畢其邊若

堂之牆言平正也案下有基而上有堂所謂南山之壽不騫不崩者欲君子之黻衣萬年也頌云自堂徂基蓋因終南有堂配以紀成辭也朱注從聽○條梅山之材紀堂山之體君也哉言今日壽考而不忘望於將來詩之敘也

君子至止如朝辨色始入君日出而視之大夫備而君乃至

黻衣繡裳傳伯鷩冕七章而下疏云黻在裳曰黻衣者衣大名與繡裳異其文耳案陸佃云首章言燕服卒章言祭服然否凡詩後者重於前則陸得大義禮重臣頭愈俯主佩倚則臣佩垂主垂則臣委故首章言頍卒章言佩黻衣亦見裳下繡合衣裳稱之也○紀與堂衣與裳並在上下精緻○衣狐白霞以素錦是中衣也然其上衣不必黻衣繡裳

佩玉將將一句是威儀○改玉改步濟濟中節

壽考不忘四字而語壽考祈其天祿也不忘望其德業也故曰如是君子是實年作永久而德音不可忘者也襄公以武功為秦祖故以燕翼貽統子孫不忘之業望之

卽游揚其美以戒勸之者口是詩風格與雅口第二首卒耦第四亦首卒偶首白衣裳卒黑青黻

終南二章

黃鳥，哀三良也。穆公旣死所主在哀三良焉三良非自死亦可知**國人**丘中有麻曰留子嗟留子國序亦曰國人作是詩斷哉序乎**刺穆公以人從死**左傳曰死而棄民則穆公有遺命可知與序符合刺字與前序美字並不可與他例觀焉是追刺也非風刺夫哀三良私而不公必繫一人之本是周樂也二子乘舟鄘柏舟何人斯序宜照考之**而作是詩也。**考史記襄公之後四世武公初以殉葬又四世穆公從死百七十七人然左傳無多殉文則史記恐雜說或云穆公無遺命是康公之罪也不合古序左傳聽說耳

交交黃鳥，止于棘。興也反體以小鳥且得所以反興良人而失所焉縣壺畀比體不容

強合。○交交 小宛桑扈傳皆曰小貌案爾雅大簫謂之言小者謂之筊注筊小也足相徵桑扈箋飛往来貌似因字臆義

誰從穆公子車奄息 穆公称謚則既死矣從死失其止甚

維此奄息百夫之特 在百夫中而特出者曰防曰禦亦以武臣折衝成辭可見三良之殉亦一時感槩

臨其穴惴惴其慄 自此秦人哀慕之辭徂其葬所而臨之慕也說生納之壙中大誤六句三反則語勢下爲明明

彼蒼者天殲我良人 合三良而言之故曰殲

如可贖兮人百其身 主一良而言之故曰百百夫而一人故百人殺身以贖一人也武公之殉六十六人穆公則百七十七人雖雜說秦人氣勢可想

交交黃鳥止于桑 苞棘苞桑黄鳥所安楚亦叢木

誰從穆公子車仲行 三良皆称字獨称名獨宜定於一以仲為名非所疑

維此仲行百夫之防

狄虒彌建大車之輪以當一隊亦百夫之防也防言一力抗百夫而防禦之臨其穴惴惴其慄三良小人所庇而一時陷入於此矣彼蒼者天殲我良人俯則慄於穴仰則號於天是詩人摸寫如可贖兮人百其身交交黃鳥止于楚於止知其所止穆公使三良不如鳥焉誰從穆公子車鍼虎是詩只以三良為敘行次位次維此鍼虎百夫之禦予曰有禦侮言虎臣也古大夫入相出將詩惜其材武臨其穴惴惴其慄彼蒼者天殲我良人如可贖兮人百其身左傳君子是以知秦之不復東征是詩即秦國寖衰之始也至康公果然棄其賢良矣朱注訕左傳不論王政不綱諸侯擅命殺人不忌之非噫書生常談也在左傳不綱擅命既已舊矣又何言及且殉百七十七人左傳所不記

黄鳥三章

晨風刺康公也以晨風權輿始終之蓋編意也始於賢者可去者去而終於不可去者窮

忘穆公之業孔子謂穆公肖拔五羖授之以政左傳舉人周與人壹遂霸西戎用孟明也穆公是用所謂伊人而立業者

始棄其賢臣焉據史記秦仲以後至穆公十一世無闇君康公不能續先業以棄賢臣故曰始前序三始字皆創業之美至是又稱始反應之

鴥彼晨風鬱彼北林比也華鳥鼓翅翬翬歸於北林以比賢臣見幾而作不終日焉晨風北林是秦声之烈也亦以著其人果毅

未見君子憂心欽欽既奮飛去而求君未見如穆公其人也

如何如何忘我實多怨其不念前勞而轉我於憂也久得志而饑失之故切責急迫所謂始棄者口子路曰不仕無義此賢臣在孔門其猶子路絕

不肖閔子原憲先冬寧壹也用者也穆公富國強矣以進取爲事其所任使可知然詩人所詠歌之在風康公以後旧業故其辭皆操康公耳而面命之者也以去如晨風者立言主風規故也

山有苞櫟隰有六駮 比也以物有其所比人有其宜焉失位家居非我宜也久得宜而俄失之故懷旧憂今矣櫟桓公賦茀是也駮赤李其子赤取其有實而騂之六當作樹蓋交字上畫重而奪樹字其訛在毛傳前

未見君子憂心靡樂 賢臣方慕穆公而求君子求而求得心欝欝不自適是必見君子而後樂者也康公若能迴遊從之猶可以反之何不及其未仕他邦乃之喻康公切矣

如何如何忘我實多 我與先君同心以共天職忘我者忘先君者也將如先君之業何序所謂穆公之業即賢臣所弼成也

山有苞棣隰有樹檖 棣常棣六月食欝是也檖山梨倚與櫟駮四木皆以有實可食

取對。蓋不甘匏瓜之意也。越境必載質。吾豈匏瓜乎。何仕非君。得見君子。我亦得我所矣。喻己有材而資他邦之可惜。○首章比意不與後章同。故憂若一意。如舊說何必憂。**未見君子。憂心如醉。**忽忽不自安也。穆公益國十二。闢地千里。我為之奔走居多。何不一念之。而使我醉於憂至此乎。**如何如何。忘我實多。**二句三覆。以著其猶眷眷於先君之恩而心不能脫然如遺焉。風意切切。古義斤斤。

晨風三章

無衣。刺用兵也。黃鳥晨風匹也。受之以無衣。而二篇相聯。編首之反應也。是詩宜與小戎反觀。**秦人**因王于興師稱秦人。序之例也。**刺其君**康公也。康公卒十年而陳靈公殺。變風熄矣。**好攻戰。亟用兵。**康公數與晉戰。遂至東道不通。六字發王于興師之

義〇穆公伐戎開地千里民無謗言與民同欲也伐戎本王命也康公孫伯國構怨豈民所欲乎

而不與民同欲焉詩之四同二階是同欲相濟之謂夫征伐自天子出三軍皆同心同德有戰必勝之勢詠歌之以刺其君亟戰用離心之民於無名之師也古義融朗

豈曰無衣與子同袍卒伍相語之辭也三軍一欲則卒伍亦有奮心其上可知袍衣裳連下至跗背著以舊絮是賤之服也**王于興師**秦君以王命出師也小雅王于出征言王命吉甫征伐也正同**脩我戈矛**戈六尺六寸酋矛二丈夷矛二丈四寸**與子同仇**同仇則相與張膽患同軍有感怨〇豈謂子無衣乎願與子同我袍矣有王命師令將與我將執戈矛以與子同役仇我爾身也飢寒死生願與子如一矣小我之矜車甲亦三軍一欲故也

豈曰無衣與子同澤澤近身衣也膚澤所杞袍可表澤在內〇我非無衣也且以子

澤為澤矣口說文作襗云袴也案袴脛衣非是詩中帬

王于興師

據史記秦仲莊公命於宜王襄公命於平王以討西戎文公悉平岐以西亦終平王命也故小戎亦曰征伐是秦人所宜謳歌也夫王命興師諸侯之職也好戰亟用民失侯度甚矣

脩我矛戟

戟一丈六尺

與子偕作

作發出也天王有命吾君屬飭我將致死敵王愾行有日我與子偕發矣子莫我先我不後子既為同生同死之身又何不同澤乎子之澤猶我之澤互相用而一視之

豈曰無衣與子同裳

裳下帬也我二人各自有衣豈曰無乎然下帬亦互相用無有彼我矣人情底褒西身為一

王于興師

疏云康公當周頃王時王不出師秦不從王征伐其說曖昧是詩言同欲之師則

脩我甲兵

甲兵不止固言先君之時非康公時事也矛戟矛戟盛於戈矛敘也同裳昵於同澤同澤昵於同袍同仇故偕作偕行皆敘也

與子偕

行我與子同仇而偕作偕行役身於王事在是行也我戈矛甲兵唯子所用我不獨生子不獨死

無衣三章

渭陽康公念母也秋是詩而曰念母真是古義是詩先於黃鳥而作然世子之詩不關國家唯取其念母故錄是附編末口公羊莊元年念母字五出蓋古言歟康公之母晉獻公之女左傳曰穆夫人曰穆姬申生同母姊文公遭麗姬之難以讒出奔未反而秦姬卒穆姬怨惠公而晉無寧歲其心眷眷於文公可知是康公所以念母也穆公納文公惠公以子圉為質于秦六年逃歸故穆公納文公是其本志也康公時為大子穆公納文公十四年而卒贈送文公于渭之陽送人以物曰贈因經文念母之不見也下二句即念中事故省曰字孟子多

例不見言不在也今見舅氏相貌

我見舅氏如母存焉

文公之入母宿志也而不及康公送文公一喜一哀唯為母故心綢繆於文公也母之愛慕舅氏其言在耳不忘今而得見則風采德度果然有恊于素聞宜矣母之愛慕之不已也念之又念髣髴言容如見先妣先妣不亡舅氏在此

及其即位

言文公入而定位也渭陽之別懷公呂郤猶在師之濟否未可知位定而後母之志遂矣康公之喜可知

思而作是詩也

思母思舅也故不曰念

我送舅氏曰至渭陽

我見舅氏如母存使母存而及今日其喜如何哉惆悵不忍別遂涉渭而遠至水北䟽云雍在渭南晉在秦東行必渡渭

何以贈之路車乘黃

諸侯之車也蓋馬亦尚黃書云布乘黃朱明堂位周人黃馬蕃鬣○康公曰不腆車馬以慶舅氏之君大國焉嗚呼先妣之以是待舅氏也久矣故先献之

我送舅氏悠悠我思何限歡喜何限嗚咽唯序傳詩之妙或去念母說之噫凡作不足錄蓋錄是詩者取康公孝思也序欲示是義故脩多少辭以申明之不然是詩無關國家且齊桓晉文有大勳於王家蓋以為侯伯故不復陳其詩而桓文無詩犢之木瓜秦之渭陽或是周樂不没二伯之意歟

何以贈之瓊瑰玉佩言瓊瑰製造之玉佩也瑰或曰珠或曰玉或曰石次玉曰康公曰從之以瑰玉者以旗我中心之信也舅氏入而改步以觀天子以臨諸侯尚比德焉以成我先妣之志我亦願藉玉趾而鏘鳴於舅氏膝下矣

渭陽二章

權輿刺康公也渭陽猶附錄是詩以康公之衰終秦風也秦之先君世烈相繼至穆公遂霸康公不明秦乃衰矣

忘先君之舊臣與賢者先君穆公也在位三

十九年舊臣其所久任使所謂耇長舊有位之人也故聯以賢者是詩乎晨風相始終序文相変增舊臣者亦有不可去之義也孔疏句絶舊臣誤也口邦刻本作賢人明本及彙纂皆作賢者今從之

有始而無終也 釈權輿句也夏屋有始也無餘無終也不承權輿有始而無終也

於我乎夏屋渠渠 言穆公之竈也夏屋大宅王肅得之渠渠大貌 **今也每食無餘** 內則父母既食恒餕鄭注每食餕而盡之未有原也 **于嗟乎不承權輿** 父作之而子承之言今也康公不續先君之竈礼也于嗟乎猶如何如何然彼猶有望是則己矣不承權輿猶忘我實多然人有去留故言有婉直或是一史氏之作歟

於我乎每食四簋 簋內圓外方受斗二升或木或瓦黍稷在簋稻粱在簠此曰四簋署簠而總之也玉藻君朔月四簋言黍稷稻粱也亦不言簠且秦大夫豈日食四簋乎盛其辭以言食

祿之富耳或以每食爲每君賜我食似泥每食三出只是想飢之意也**今也每食不飽**杜詩甲第紛紛厭粱肉廣文先生飯不足**于嗟乎不承權輿**釈詁權輿始也此賢者似柳下惠似北門忠臣似柏舟仁人絕不肖晨風賢臣或云礼良衰而不去亦可恥非也康公棄賢忘舊有去者有留者晨風雖潔權輿非污人有其性又有其分分各有義猶殷有三仁君子以二篇賢者異行而同德並錄以傳之變風終於陳靈公其它秦康公最在諸國之末

權輿二章

秦國十篇

車鄰 駟鐵 小戎 蒹葭 終南 黃鳥 晨風 無衣 渭陽 權輿

毛詩考卷十二

毛詩考卷十二

陳國第十二

陳自幽公至靈公不出一明主唯穆公無忘齊桓之德爲美事故季札曰國無主其能久乎○陳詩人或輕之妄矣篇篇皆新鳴球有奇者矣○三恪尊於諸侯卑於杞宋春秋自齊桓以前陳在衞下以後則在衞上終春秋之世蓋齊桓正王爵也

宛丘刺幽公也幽公當厲王時在位廿三年**淫荒**溺女色**昏亂**喪聰明**游蕩無度焉**是序興匏有苦葉一格言其淫昏而佚遊之已甚也○漢書元女大姬好祭祀用史巫故其俗巫鬼引宛丘東門之枌爲證噫是豈三家雜說欤古序可以雪大姬之冤

子之湯兮宛丘之上兮子汎指游蕩之人君以士大夫出游故呼叔伯爲子非敢斥君也呼君曰子公羊濫稱耳宛丘天下名丘五之一其豪華可想陳都於宛丘側○爾雅宛中宛

丘又丘中有丘為宛丘是四方下中央高也傳又誤

洵有情兮而無望兮有情無情之反知惡不規無情於其人也非我無情然懷息如是後來改励我無望焉耳雖憂之未如之何之謂而其實所以痛責其淫昏無度也詩為僚友忠告之辭以風幽公辭不指君而意則在君是諷諫也○首章先提君子憂而不言之意後章因言其游蕩之無度自上而下而道是詩之敘也

坎其擊鼓宛丘之下丘下是行人彭彭之處**無冬無夏**或云不避祁寒大暑之時**值其鷺羽**羽翿之材翿羽之器猶鶴羽蜉蝣先羽後翼詩人之辭精微如是

坎其擊缶宛丘之道擊缶於道已甚缶以汲水以盛酒以節樂易曰鼓缶而歌○擊缶詩不別出蓋胡公之父虞閼父為武王陶正陳實以其利器用開國故缶一出於陳欲大舜陶於河濱考工記有虞氏上陶**無冬無夏值其鷺翿**周礼舞羽吹籥朱注值植也

宛丘三章

東門之枌疾乱也亂淫乱也貴女游蕩故曰疾明言其人直言其不續疾故也首辭曰疾者是詩及濕考有裛楚也宜相照考幽公淫荒風化之所行貴女而歌舞於道百家成俗可知陳之游蕩幽公敝化也非大姬所知左國言大姬皆崇而無貶武王竈女而在周公時豈有淫祀巫風乎且是詩繫之大姬所刺果何人嗟古序尊矣男女棄其舊業詠女則男亦可知鄭公軍不曉是意亟會於道路再提穀且故曰亟會枌栩即道路因前篇擊缶于道造句如是歌舞於市井爾男女優會於市井道路而歌舞乱甚

東門之枌宛丘之栩枌栩之陰男女所歌舞戲謔子仲之子婆娑其下傳子仲陳大夫氏按三良子車氏亦同蓋以祖先之字爲氏者子仲之女蓋巧歌舞者

穀旦于差南方之原少年輩以美曰差南原之女舞
之也小雅既差我馬舞貴女昔
必是貴遊子弟也○春秋公子友如陳葬原仲必
是氏也其族蕃故稱南方分之猶南阮北阮鄭語
有蠻芊荊芊古言可推又案原仲之仲亦以其先
子仲其行仲故以為家號猶趙孟知伯之例歟然
則子仲與原非異族也詩蓋詠原氏**不績其麻市**
之女毛必有所受原野之說不取也
市非貴人所遊周礼命夫過市罰一蓋命
也婆娑婦過市罰一帷今於市歌舞其乱可疾
必稱且者所謂朝夕不休息之
穀旦于遊越以鬷邁意遊乃東門宛丘及市也鬷者
稯聚叢會之意言男女成叢而邁也至是章表出
淫乱之狀前章之婆娑乃為謀是一看故也幽公
之乱溱
洧不及**視爾如荍貽我握椒**少年思媚其女如愛
輩則女亦貽以芬芳
也以爾我字狀之健筆雋語鄭朱未達○椒蓋女
子容臭所用握字見其褻黷雜詩云臂環致拳拳

指環致殷勤耳珠致區區香囊致扣扣據是則貽容臭亦情好之密欤

東門之枌三章

衡門誘僖公也 幽公子在位卅六年當厲宣時○誘猶鶴鳴誨宣王二篇句句皆比序可尊若是

愿而無立志 純愨自畫不能勉强進取也舊說曰國小饒舌也僖公時諸侯未兼并序固不言其國小

故作是詩 詩之辭志士貧而能樂也詩之志乃在誘其君也試以考槃之詩照看之

以誘掖 誘在前導之掖在傍扶之

其君也 上既曰僖公下又曰其君亦古雅之辭也猶吾黨有直躬者其父攘羊而子證之

衡門之下可以棲遲 通篇皆比也此言居室之陋是章可以二字是字眼也貧富命也蕩蕩戚戚志也以比凡人苟能立志則可以有為焉下句亦一意夫坐臥衡門而水慰飢人君其

能須臾焉乎以是思苦昧沒至顯何勞之有所以誘之也飲食男女人之大欲加之以居室豈不善喻乎

泌之洋洋

泌猶毖彼泉水字相通洋漾漾同流不已負蓋泌然流水洋洋不竭也是流衡門旁者言小流也句法與天之沃沃儼似說文泌俠流

可以樂飢

此言飲食之苦一句可以慰潔腹耳樂作療大無味口窮居衡門飢而飲水人之至苦也然古之人有立志於斯者非大祖大舜乎其耕稼陶漁之日安是艱苦悠然若將老身焉無它尚志也今君生而坐憂屋飽粱肉受天之命君臨千乘之國而自畫自棄不能奮志作興百事何不以大祖側微之苦節為心自激昂而用之民人社稷乎至誠感神鳴鳳可聞耳

豈其食魚必河之魴

是章豈必二字是字眼此意所存夫魚不必魴妻不必姜以比事物之無必焉以人論之其有賢愚剛柔性也苟立其志日進不已雖愚必明雖柔必強舜何人哉

我何人哉是詩之志也〇後章似因首章食魚自下句來取妻自上句來衡門非齊姜所棲泌流豈無一竿魚飢者易為食魚皆河鲂也琴瑟苟和縞衣綦巾亦齊姜也可以棲遲〇里語曰洛鯉伊鲂貴於牛羊

豈其取妻必齊之姜

齊天子甥舅而大師之後大姜邑姜其願久矣

舊說曰大國未確傳公卒後齊莊公立齊之興自莊公事詳鄭語〇志士衣褐放言曰構臺十成紂不能居而衡門我居也鹿臺鉅橋為人積財而泌水我食也大牢不享棄玉妃而出奔而我則終身飽食與妻孥終古矣苟喪志萬乘不能自樂我之不改其樂何奇曰志是詩之辭也

豈其食魚必河之鯉

鯉貴於鲂宋子尊於齊姜二章之叙也陸佃云釋魚以鯉冠篇神農書曰鯉為魚最

豈其取妻必宋之子

魚必鲂必鯉則食無魚妻必齊必宋則或為鰥夫立志者而曰必大才必天性則終身無成矣夫魚不可不食妻不可不取故志不可不

立志苟不立，烏麟失鳳亦將不饜，況河鯉是耳乎。苟失其志，雖妻帝之玉女，將反目也，況宋子是安乎。故能立志，則勉強刻苦，可以易易，豈必才之美如河鯉、天爵之尊如宋子，而後爲明君賢主矣○一篇之意，特在可以字，豈必字而焉永無涯○立志者，日乾夕惕，無恒安息，故取貧土苦境比之。

衡門三章

東門之池，刺時也。辟如幽公淫荒，子仲婆娑，貴人宜淫，故曰刺時。下因釋三漚三晤之義。

疾其君之淫昏，時之淫亂，其君所使，故疾之。

而思賢女以配君子也。序凡三出，關雎之君子斥夫也，車舝斥君也，而是詩刺時，則斥不獨一人，故斥曰其君，又曰君子，三出三變。關雎曰樂得淑女，車舝曰思得賢女，而此省得字，亦三變，精哉。

東門之池，池守正引水經注云：陳城東門內有池，池水至清潔而不耗竭。

可以漚麻。

興也漚久漬也出考工左傳毛訓柔甚協以清水柔物興淑女婉娩之化焉三章之女漢廣一例逐章而下

彼美淑姬姬是異姓也

可與晤歌晤遻同遻又作逜爾雅逜遻也遻見也又爾雅遇偶也故箋云猶對○麻衣服之良材故受以晤歌紵次之故受以晤語菅最下故受以晤言周禮樂語明分言語為二夫晤歌之女邦之媛也麻辟則君也晤語次之紵辟則卿佐也晤言又次之菅辟則大夫也其君遙昏故大臣亦多色荒所語配君子主君而般大臣即刺時也

東門之池可以漚紵紵苧同剥其皮之表但得其裏煮之以織布王褒僮約多取蒲苧益作緦索

彼美淑姬可與晤語語者委曲陳情也言者只是接辭也雜記三年之喪言而不語公劉傳直言曰言論難曰語可與言未可與語可與語未可與歌是詩之敘

東門之池可以漚菅夏華者茅秋華者菅左傳拘鄁人之漚菅者菅以為屨為索左

傳一編菅苫也。

彼美淑姬可與晤言

窈窕淑女琴瑟友之晤歌也辰彼碩女令德來教晤語也妻彼諸姬聊與之謀晤言也是詩之妙全在三漚三晤因韻用字奇絕至此真神造鬼構矣邪說以為淫詩噫碌碌凡物何足以列於周樂乎夫唯古序仰之弥高篤雅君子其崇戴之

東門之池三章

東門之楊刺時也

東門之池刺君與大臣也若汎刺時人淫乱則當興是篇易序并先東門之墠著先東方之日此其例也乃知序是不列之典

昏姻失時

因詩曰失時其實手所謂昏姻之道缺是

男女多違

男違女女違男者多也孔也是序々并相変處可玩疏誤昧序大體故也多字法左傳多出

親迎女猶有不至者也

五礼既成至於親迎違而不從故曰猶詩所賦著特俗淫乱之甚。子云昏親迎舅姑承子以授昏恐事之違

也以是坊民婦
猶有不至者

東門之楊其葉牂牂

壻在東而途中所見也楊葉毿毿如羊毛暮景也詩之辞唯詠所見已而刺失時包在其中○是詩之妙在形容之辞真奇巧也牂牂取於牝羊肺肺取於肺藏猶亹亹肺肺鶴鸖之例

昏以為期明星煌煌

日入三刻為昏此明星言光明也蓋壻既奠雁降出而女不從使壻執綏大門外而久於婦車也親迎而佇立久申仰星必是時○煌从火晳从日詩以是取叙此其巧也易象大人虎變其文炳也君子豹變其文蔚也亦以火乎艸分之

東門之楊其葉肺肺

肺肺暗於牂牂晳晳明於煌煌此用字之妙也肺六葉兩耳凡八葉

昏以為期明星晢晢

昏姻礼缺則男女必多違然親迎而女不至汔無人理留他色欲初見壻不悅欲陳之君大夫色荒如前篇則大姬之國人如犬馬有自來矣無主也夫

東門之楊二章

墓門刺陳佗也傳公卒四世為文公佗其子也在位二十月史記以佗為厲公大誤亦序為古傳之一徵也○称陳佗與忽州吁同皆誤當其為君風之者然三人春秋所不君故名桓六年經蔡人殺陳佗蓋在詩佗一出不與忽同故冒國陳佗無良師傳曰斧曰鴞皆憎不良之臣也詩之微婉序悉之以至於不義左傳文公子佗殺大子免而代之惡加於萬民焉惡名播於國人也疏云定本直云民無萬字宋定本似是蓋陟載驅播其惡於萬民焉而誤贅萬字耳文既雷同且特称萬民亦何義邪○不義之惡是不良之臣所為故作是詩以告其速黜之也惡既加於民則不退不良人心不服顛倒思予戒後悉之辞或云陳佗殺後作之非也或云見其有逆釁而作之又非也列國無刺公子大夫詩

墓門有棘斧以斯之

比也棘蓋墓厲葛生鳲鳩青蠅可類推焉墓門僻而棘難長況以斧戕賊之乎以比陳佗位凶性頑而利口咻之焉孟子牛山之喻或自此出欲佗未王命未會於諸侯君位之凶者而不才故比墓門之棘〇呂覽与之脯一朐曰斯食之注斯析也爾雅斯離也言離析之韓非子使人伐樹斧離數創言斧伐之三四也

夫也不良國人知之

彼師傳不良以謀不義雖自擠乎衆皆知之也夫也猶曰彼人也家語夫也中之左傳是夫也不唯衛國之敗不良猶不令左傳以逆臣為不令之臣

知而不已

試可乃已三已之之已言奪其爵秩退之也是句即陳佗歛知忘之情態如天奪其魄者

誰昔然矣

是句言既往也末句言將來也相映爾雅誰昔昔也陸佃云猶曰疇昔得之佗為公子時當為不良之臣所惑今既即君位依舊不曉其為不良故曰自昔然矣亦其奪魄之狀

墓門有梅有鴞萃止比也梅據鳲鳩之詩与榛棘為落則蓋墓厲赤樹之也梅可愛嘉卉也鴞惡声況非一鴞乎以比陳佗集羣小而自絶民望焉在左傳佗及鄭伯盟歃如忘所以比棘也諫陳侯曰親仁善隣國之寶也君其許鄭所㠯比梅也夫也不良歌以訊之雖國人知之几然如木偶人無退之之心衆將有一且蜂起之勢故作是歌而面告之也茍去羣鴞人誰悪梅蓋陳人悪是師傳猶鄭人於祭仲欲且陳佗位未定故詩之辭主角沉峻訊予不顧顛倒思予上予不辭或云當依前章作而字得之我面告之猶且恬然不顧則顛覆將無日矣嗚呼今而不顧將顛覆之日而思予言以噬臍耳

墓門二章

防有鵲巢憂讒賊也采葛曰懼讒也此曰憂者文相發也加賊字者不唯如采

葛而已

宣公多信讒采苓曰獻公好聽讒是唯文亥防卭唐非外內上下邪鷊苕甓鷊非多讒邪口陳佗卒三世為宣公然相距厘十五年

君子憂懼焉因忉忉惕惕

防有鵲巢防隄也築以捍水者鵲巢其樹木曠日綢繆而成是以固以比浸潤之譖百方構之焉費無極譖太子建先勸王納其妻而大城城父寘旃踰年而以殺告一言遂之可謂鵲巢之讒矣

卭有旨苕比也傳卭丘也苕草也按毛以苕為陵苕旨者美於華也旨鷊同陵苕緣木蔓延高登以比自疏及戚自賤又貴履霜堅冰舐糖及禾之類焉旨皆比其言耳也盜言孔耳乱是以餂旨也楊園之道猗于畝丘苕也

誰侜予美心焉忉忉爾雅侜張誰也郭引書侜張為幻案侜譸通作也予美指君忉忉序所謂憂也

中唐有甓爾雅廟中路謂之唐堂塗謂之陳孔疏唐與陳廟庭之異名耳其實一也案中唐言

廟中之唐也甓以瓴甋也百合一成以比內讒成黨如出一口焉驪姬于中大夫二嬖優人黨以構大子及欒郤徵於孟姬姬妾弃向戌黨於伊戾是中唐之甓也中唐比讒在內者與防在外者對或云唐塘甓薜寫誤案甓于巢對決非寫誤

邛有旨鷊

比也爾雅鷊綬郭云小草有雜色似綬案似綬言其花以比綠飾邪慝巧言如組焉萋兮菲兮成是貝錦是也○尔雅非人謂之丘郭云地自然生案防于堂途皆人造也近人所掌故對而成辭苕于鷊花草也是宜於丘故並曰邛

誰侜予美心焉惕惕

序所謂懼也心焉又出小雅往來行言心焉數之

防有鵲巢三章

月出刺好色也

蓋亦靈公時也此曰在位株林曰靈公而澤陂曰君臣則是蓋刺孔儀欲徵舒似女亦似君夏南不怨孔儀而怨君則孔儀之壽先於君可知月出先於株林以是欲詩

無通篇形容美人若是者所謂佼人蓋夏姬歟夏姬有絶世之美雞皮三易雖不中不遠矣

在位

是詩形容美人而曰勞心悄兮乃止辞氣不褻實非民間物

不好德而說美色焉

德在位所宜好疏玄德色不得並時好之既好色則不好德□宜與女曰鷄鳴序並看

月出皎兮

興也說文皎月之白也秋文本又作皦小雅皎皎白駒

佼人僚兮

佼僚字並又從女取於月以興焉著佼人之夜遊也况治容眩於人乎女誡曰出則窈窕成態姣又有淫義左傳棄位而姣

舒窈糾兮

蓋自舒而脫脫兮來是形容容態之美也宋晳見孔父之妻曰美而豔詩之僚劉燎是美也窈糾懮受夭紹是豔也殺孔父奪之勞心可知□禮記君子之容舒遲

勞心悄兮

君子勞心小人勞力所以為國也今是勞心果何事哉詩人似有意以下三篇陳之所以致滅亡也

月出皓兮佼人懰兮爾雅皓光也唐詩白石皓皓釋文懰本又作劉好良埤蒼作懰妖也案字書懰又作嬼或作媌美好也

舒懮受兮蓋去優柔之義不遠大氐蕭尤韻多形容字後世所用妖嬈嬌嬈僊褭嫋裊縹緲杳嫻夭嬌窈窱兮是詩舒遷形容相似

勞心慅兮慅音騷說文動也是詩悄兮奇而慅兮懆兮相偶悄言憂而心小也消銷削哨陗梢箾鞘痟揱䏴等字可以類推慅騷也懆躁也言憂而不自安

月出照兮卒章取變皎兮皓耦而照是奇兮末句相錯

佼人燎兮燎受照字言顏色照人也彼照人者天上月欲地上人也

舒夭紹兮桃之夭夭匪紹匪游字典僊紹又作要紹舒緩貌

勞心慘兮古慘懆相用此當作懆說文懆愁不安也口是詩一意三覆一韻三成而字字皆協鵲巢居與巢叶則舒亦叶月兮出人兮心亦韻獨格之奇調也

月出三章

株林刺靈公也靈公以宣十年死變風終於陳靈淫乎夏姬衷柏服戲于朝乎孔儀南冠如夏氏留王使不見其惑溺可知驅馳而往如載驅之薄薄發明詩義豁然矣

朝夕不休息焉書曰不惟自息乃逸○疏又拘朝夕字

胡為乎株林從夏南兮疏云定本無兮字案孔氏書有兮字疏文可証汲古本脫之余則從孔氏原本

匪適株林從夏南兮株是夏氏邑其野有林公欲如夏氏有廉恥之心以適株林為辭而出故作詩曰株林之遊此胡為乎乃不斷須而去必從夏南燕樂耳乃知適株林之命是口實而從夏南是其本意也造語絕妙甚新○夏徵舒字子南左傳戮夏南

駕我乘馬說于株野我者公之從者自称也夙駕而發稅而不食匪適株林可知株

林株野猶泮宮之詩有泮水泮林**乘我乘駒朝食于株**公以適株林發命故至于株野税駕少憩焉然不斯須于此而直馳至夏氏也至而後朝食則其見星而發亦可知即朝夕不休息之模寫也株即夏氏居非林非野公之從者或乘馬或乘駒以税于野食于株有於陛下甚樂羣下甚苦之意○疏云説于株野夕至也朝食于株朝至也案説于桑田豈露宿之謂乎

株林二章

澤陂刺時也刺時俗之淫荒也**言靈公君臣淫於其國**公卿宣淫於國故曰淫於其國言字下有此八字則八字之意亦詩中所言也是一揚搉孔疏大粗**男女相說憂思感傷焉**此乃時俗之淫荒也是詩同宛丘衡門通篇之意括之首章而二三則顧眄首章數吹之也然愈出愈新讀者先得詩人立格而後細繹之

彼澤之陂有蒲與荷比也彼者身在此而望之歆艷之意存焉陂水岸也蒲荷在岸内水中荷言芙蕖之莖葉也蒲及荷並生萋萋然美以比夫婦配耦之好焉是女慕悦丈夫而有奔隨之心故言所見以寓感也〇上曰蒲与荷下曰一人則非興體也宜細味之**有美一人傷如之何**雖感傷之甚不能遂蒲荷之好也二章三章皆含是意故且卷下且儼下須添是一句看一環貫兩環者乃見**寤寐無為涕泗滂沱**寤寐無為凡百皆廢不翅不續其麻國俗至此況非人境靈公君臣之淫惑慘哉詩人妙寫之涕泗一句亦當置悄悄伏枕下說之

彼澤之陂有蒲與蕑蕑所謂古時水澤之蘭也非陸草荷取其莖葉之青与蕑如一蘭取其香菡萏取其美此女悦男之辞故美物比男**有美一人碩大且卷**說文

髮好也容體鴻壯鬒髮如畫思之在茲傷如之何

寤寐無爲中心悁悁

此以寤言之卒章以寐言之興則無須臾不憂思又何爲乎涕泗滂沱目瞳已

彼澤之陂有蒲菡萏

卒章取變菡萏荷華也是詩一蒲而今三物耦以寓公今二卿通夏姬之意淫風所自全在此詩人之微意故序曰言靈公君臣淫於其國

有美一人

碩大且儼

卷言其顏貌儼言其容儀抑子南夫也之意此斲非稱女子且非抱布貿絲者之狀貌雖曰刺時風意所指乃在士大夫一蒲三配宜熟思之

寤寐無爲輾轉伏枕

寢則不能安其枕涕泗滂沱象簞皆治耳伏枕言以顙爲枕骨也〇詩之奇新在一蒲三耦其敘在荷蕳菡萏溱洧東蕳在三月荷華在六七月

澤陂三章

有蒲與荷 有蒲與蕳 有蒲菡萏
傷如之何 碩大且卷 碩大且儼
傷如之何
涕泗滂沱 中心悁悁 輾轉伏枕
涕泗滂沱

陳國十篇

宛丘　東門之枌　衡門　東門之池　東門之楊　墓門　防有鵲巢　月出　株林　澤陂

毛詩考卷十二

毛詩考卷十三

檜國第十三

妘姓也祝融之後鄭武王滅之○或云檜詩爲鄭作大妄非古義

羔裘大夫以道去其君也可以去而去是以道也去君之詩唯羔裘辝氣和平身去而心眷眷者雄狐碩鼠雖所遇不同致爲臣之道唯羔裘可以爲摸楷故曰以道去

國小而迫是序宜與蜉蝣序並玩変君不用道鄭語虢叔恃勢鄶仲恃險是皆有驕侈怠慢之心而加之以貪冒案此檜所以亡也然是檜君果是鄶仲欤不可知好絜其衣服似鄶仲驕侈逍遙遊燕孟子所謂槃樂怠敖自求禍者而不能自強於政治二句似鄶仲怠慢序以小迫示之則大夫作詩時既有亡釁也魏小迫以儉嗇亡檜小迫以奢敖亡園有桃曰不能用其民此曰不能自強二大夫所深憂在茲若其去留唯義所在須

知二詩並以不言言之而二序並發其不言者以示之**故作是詩也**作詩以去之

羔裘逍遙狐裘以朝羔裘狐裘言其奢侈也其為奢侈至卒章發揮之逍遙翱翔言其遊憘也以朝在堂言其不強於政治而事容觀也**豈不爾思**三章三出去君之意在是一句焉說不違**勞心忉忉**去其君者似不思其君故曰豈不爾思思之深至勞心忉忉然言不聽諫不行當國家危急之日素餐而無涓埃之報是以謹致為臣而去之大夫作是詩而去其君亦或感悟改厲則是非鄙仲也大夫忠厚似屈原似孟子去齊氣象大賢之言行百世之楷式

羔裘翱翔狐裘在堂與首章同義無深淺疏云堂正寢之堂也人君日出視朝乃退適路寢以聽大夫之政二者禮同服羔裘按朝堂者人君所盡力政治也而以容飾為心不近閨閣妻婦之居乎**豈不爾思我心憂傷**雖思君而憂傷意無益於君何敢懷寵

羔裘如膏日出有曜卒章变句以數前章而前章之羔也狐也皆躍而生色檜君所用羔裘澤如脂膏旭日相映曜然焜眩人目言羔則狐白之美不侫言日出非遊燕之時此言朝服而朝也唯其美澤至此則所用心可知不知國小迫多憂以千金之裘逍遥翺翔宴何心哉左傳車甚澤人必瘁此慶封所以滅亡也故大夫悼之

豈不爾思中心是悼末句皆憂其辭以三致意於思君憂國之事非悼悼去者

羔裘三章

素冠刺不能三年也主君大夫而作之是篇亦獨格下二篇亦奇格傷喪礼思周道列國所無檜詩亦美哉

○孟子曰不能三年之喪

庶見素冠兮大祥而縞冠素紕黑經白緯曰縞素白絹也紕緣邊也自冠而衣而繹詩之敍

也是詩宜照前篇以求風之自不中不遠夫今之人驕侈好絜衣服何能久素服遊燕不能自強何能服三年之勤乎

棘人欒欒兮

棘瘠也爾雅癯病也字從肉病而瘠之義欲逍遥遊燕美食酣身何曾見是棘者乎口呂氏士容論地可使肥又可使棘棘者欲肥肥者欲棘注棘瘠也

勞心慱慱兮

爾雅慱慱憂也自慱慱而傷悲而蘊結詩之敘也

庶見素衣兮

疏云祥祭素裳而曰衣衣是大名曲礼兩手摳衣案以撇衣例之疏得鄭意朱注武斷

我心傷悲兮

大喪未畢而衣夫錦者多如之何不傷悲

聊與子同歸兮

子設人而呼之詩之辭也同歸言同志所歸注不從流俗也夫礼必上行之而可以化民在下行之無補益於民故曰聊以喻上之人行是礼而施之國家是謂詩人之志序所謂風刺

庶見素韠兮

素裳則素韠也以韋蔽膝世上皆庸服華裝君子庶見有既祥之服者自冠至

韠三復不措豈得已乎。**我心蘊結兮**都人士我不見兮我心菀結文意與此酷似。**聊與子如一兮**詩人告其友曰世上絶無素韠之人庶見不得使我心菀結姑且與子如一而不戴古礼耳雖無補於世道禮不可不慎焉欲使有補於世適者慎是礼者詳溢於言外矣詩人妙於風規如是雋説若得見之與子同心未善口同歸唯是同方也如一兩身爲一也

素冠三章

隰有萇楚疾恣也疾樂之反恣言多淫不忌也序首句曰疾是與東門之枌二也廣辨則牆有茨東門之池下泉亦出上下重稱疾是篇獨也可見序以是亦國人之心大疾上而有是詩也**國人疾其君之淫恣**淫恣即猗儺夭沃之反**而思無情慾者也**思寡慾而不耽色者也曰無情慾者因詩之三無也國人之心若是故君子吟咏之

以風焉序專示詩人之志至其辭是女子慕士之
寡慾處色者也假女口微婉以風內嬖多淫之
人其動人心之感亦綽約微達口檜人疾其君而
思他寡慾者苦毒極故也雖涉非義不獨民之罪

隰有萇楚猗儺其枝夭之沃沃比也猗儺柔也夭少也沃沃美澤也萇楚
枝莖弱過一尺引蔓於草上而稱隰者以比人之
性柔年少色美而愿退寡慾內而不出者焉隰桑
之隰亦比君子冥處**樂子之無知**樂愛好也爾稚妃知儀匹也男而與女相知是匹也
女子悅男子寡慾者曰子實如隰中萇楚無知而
處我是以慕愛之不已也

隰有萇楚猗儺其華枝華實詩之敘也知家室之敘亦可味**夭之沃沃**
詠草之柔弱夭美者所以風情慾淫恣也**樂子之無家**左傳子圍棄其家言妻也謚法
未家短折曰殤口慕猗儺夭沃則檜君之老嫖為
妃嬪所厭亦可知是詩試以宮少怨為題者男女

亙親其無二三者人情也故言此以譏之然御溝流得到人間非女子所宜言則君子詠國人疾君而思無情慾者之情以風其上者聞之者能無感感乎然宮女怨是博依耳首章所釋是正義也

隰有萇楚猗儺其實夭之沃沃三句比一句賦與凱風桑柔同體唯韻楚與沃叶夭考○國語澤不伐夭注艸木未成曰夭禹貢厥艸惟夭樂子之無室無知無家其意汎至無室而始瞭然矣愛人之無妻非女子之辭而何邪若特說國人之辭樂字不安詩亦無味是規諟慫者故藉口於女子○朱注以為賦然呼微草為子而曰無家無室不成說耳

隰有萇楚三章

匪風思周道也思周道之再興也國小政乱憂及禍難憂為大國所滅亡也而思周道焉是詩去檜之亡不遠幽王滅周平王遂衰於是諸侯亙以

力兼并周道不興則小國無自保

匪風發兮匪車偈兮

賦也匪兕匪虎同格発偈疾厲声也非風而発発非車而偈偈政乱而上下驟擾禍難將及故也當周之盛諸侯撫封小大相保今也弱之肉強之食而君不脩其政國勢人心如飄風如奔車何以固國

顧瞻周道中心怛兮

懷古而西顧周道不復我無生命心為之怛怛也齊詩労心怛怛口小雅周道如砥睠言顧之潸焉出涕與此正同

匪風飄兮匪車嘌兮

小雅飄風風發發集韻嘌疾也声也案字从口嘌嘌亦車声二句如蜩如螗如沸如羹之意狀騷擾不靜杌隉不安也

顧瞻周道中心弔兮

懷周德而瞻仰之曰顧瞻周道下泉念彼周京同豈亦周之今日乎弔言中心自弔而已猶形影相弔之語此無所告愬以心弔心也左傳周公弔二叔之不咸

誰能亨魚溉之釜鬵

興也說文鬵大上小下若甑曰
鬵似合爾雅口魚我所嗜也有
能治味者我為之滌濯其器矣周我所慕也苟有
西歸之人我亦就其德者矣君子之嗜周道如食
耳美唯食忘憂而
食無魚憂可已乎

誰將西歸懷之好音

西歸西面
適周之辭
其實言歸周道而興復之也懷言從而親附之也
好音言德音之美食我桑椹懷我好音華惡声而
從美音也西歸之人不必檜國已諸侯苟有其人
則我將歸附其令德而免禍難矣前章之風也車
也声之所厭者受以好音是辭之巧也口思周道
故西歸亦汎然言之鄭曰仕於周朱曰歸於周今
周已衰又誰歸乎子産以將亡之鄭不屈大國相
業被後世亦唯以礼治也礼周道也鄶若出子産
即亦西歸之人也

匪風三章

檜國四篇

曹國第十四

蜉蝣刺奢也曹詩不曰刺昭公刺共公蓋與檜詩同其序法也蓋羔裘去其君而不敢白其危亡之禍是厚也蜉蝣立其朝而不敢忌其危亡之禍是厚也去留異立言異而其義則一也**昭公**在位九年當惠王時別李無是二字脫也**國小而迫**四字出魏檜曹唯曹雖不亡共公身因地分殆無以為國也**無法以自守**自守言己能守己國也古文自守皆一例後世大濫孟子下無法字只是守法也夫無以法自保守何以免侵削之憂**好奢而任小人**釋詩上二句也據于蒺藜所恃傷也**將無所依焉**釋下二句也

蜉蝣之羽興也花蘭一例夏小正五月蜉蝣有殷陸璣云似甲典有角大如指長三四寸甲下有翅能飛夏日陰雨時地中生案攄夏小正秋生水邊者非詩所詠羽猶螽斯羽詵詵兮言羣飛揮羽而自得也

衣裳楚楚說文作𪓐𪓐云合五綵鮮色也按小雅籩豆有楚傳列皃此當訓曰鮮整也蜉蝣不知其朝不及夕羣飛自適差池其羽以興一羣小人不知其危急脩飾衣裳相得歡洽焉

心之憂矣與羔裘豈不爾思三章三出並詩中髓

於我歸處閔其無所依之辭也興於蜉蝣則衣裳之楚楚亦幾何故為是言以警醒之

蜉蝣之翼翼即羽也而前後之敘猶鴉羽辭之道自然

采采衣服毛曰衆多也朱曰華飾良毛或有傳朱似聽說是詩之巧在第二句每章轉換處則楚楚言美采采言衆固已了了

心之憂矣於我歸息處言以我居為居也息言休息永日也說言且稅駕入也

此其叙葛生亦先處後息般其齒先息後處是别意是詩主無所依故曰不能處則且息若不能息則且說

蜉蝣掘閱管子掘閱得玉蓋言掘地始出也**麻衣如雪**以蜉蝣始出羽翼新鮮與羣小絺綌潔白如雪焉蜉蝣憂蟲也故詠麻衣且當暑而如雪有頃刻消滅之意**心之憂矣於我歸說**其衆亦先憩後說所謂茇舍處一意在首章○呂氏云欲如楚申亥舍靈王於家之為也案是說梗東萊未精序好奢任小人釋上二句則詩汎然詠謂朝小人故末句亦汎然若其將無所依之意而已詩之辭豈專指君而直言之但詠羣小而君亦在言外耳世何嘗有國不守而君歸諸臣家之理乎

蜉蝣三章

候人刺近小人也昭公流蘇費以為常共公昭公子在位亡五年晉語重耳過楚成王引曹詩即候人也是時共王立而十六年遠君子首章卒章有是意故添一句而好近小人焉遠因候人近因其構下字不苟

彼候人兮何戈與祋君子賤而在外是遠也周語候人為導言候國迎送賓客者在周礼上士下士為之疏云荷戈祋是候人徒屬也得之蓋當時有其人而詠之猶簡兮伶人○祋殳也戈柲六尺六寸殳長一丈二尺彼其之子三百赤芾是詩已傳播於諸侯晉文公或據詩數乘軒者三百人欲戈祋在肩赤芾在服可憐又可憎○首章言君子卑而小人貴也卒章言小人媚而君子困也戈祋與赤芾朝隮與季女文字顧眄映帶竝極其巧

維鵜在梁不濡其翼興也鵜貪鳥其在魚梁雖翩翎而立幾何不濡其翼乎以興小

人貪鄙瀆其服可以徙焉○鵜似鶚甚大頷下胡如數升囊沈水食魚丈以胡竭小水取魚飲乃吐吐乃飲

彼其之子不稱其服 左傳豹聞之服美不稱必以惡終

維鵜在梁不濡其味 濡味甚於濡翼極言其貪鄙以為興不遂媾亦既言破之辭愈厲○鵜喙長尺餘直且廣口中正赤

彼其之子不遂其媾 媾和好色小人如鵜必不能全其君寵也濡翼濡味有覆公餗其形渥之意○史記秦疑天下之合從媾乃可成也

薈兮蔚兮南山朝隮 比也薈蔚艸木盛而山氣興也朝隮出鄘詩言虹也南山鬱渤朝虹橫天以比小人氣焰方熾焉南山比朝廷猶隮詩陰陽相干而生虹則小人邪氣所蒸成嗚呼朝虹幾何亦不濡其翼之意存焉

婉兮孌兮季女斯飢 比也季女不指蝃蝀是以飢也以比君子不附麗於羣小而憔悴焉上二句自三百赤芾來而斯飢反應濡翼濡味可味

且是篇首二句以君子起，末二句以君子結，中間十二句皆言小人顯貴，可憎可鄙，將覆將消。

候人四章

鳲鳩刺不壹也共公時朝無君子，作事頗邪，士民不寧，故陳古以風焉。壹字貫通篇詩之精神也在位無君子蜉蝣、候人皆小人在位之詩。用心之不壹也二句簡潔，宜與大田、魚藻序合，而窺序大體。○胡不萬年，自後之辭也。故無陳古文，何其精微。

鳲鳩在桑，其子七兮興也。養七子如一，以興君子之於百姓唯一德焉。少皞鳲鳩氏司空也，其以平均稱尚矣。其子七，未聞其說。淑人君子，其儀一兮儀，法則也。其儀一兮，心如結兮是篇上半二章言脩身，下半二章言治國，而脩身治國竝以其儀一起之，次章受之。行有規矩，事有準繩，一德不易，心如締結之。

鳲鳩在桑其子在梅古樹牆下以桑與下章例之梅亦以爲藩欲陳詩墓門有棘墓門有梅況可徵**淑人君子其帶伊絲**此言衣服之一也都人士序古者長民衣服不貳則民德歸壹觀於蜉蝣則當時衣服無常可槩見已**其帶伊絲**大帶用素絲有雜色飾焉帶在下體上故弁對言是篇重在末句故先言帶**其弁伊騏**君正其弁帶以南面則羣臣北面崇之者見於言外以在桑在梅興之故也○騏鄭公可從璂瑧綦皆同皮弁之會結玉爲飾曰玉綦綦結也周禮鄭注引是句作綦云侯伯璂飾七子男璂飾五案淇奧亦詠璂飾則王卿士蓋異於凡諸侯欲詠其顯服竝旌其德也淇奧有重較是篇有正是四國非王卿士不當

鳲鳩在桑其子在棘七子皆在棘亦在其側而樂羣也非背飛而或在梅或在棘也荊棘所以爲藩也**淑人君子其儀不忒**其儀施及卒章不忒乃一也女也不

爽士戴其行言不爽之為一也

其儀不忒

大學所謂足法而民法之者諸本義也故特以威儀說之不取也說苑亦引首章云以一儀理物天心也

正是四國

正邪之反即一也說文正从止一以止注守一以止〇據是句則蓋曹先君有入為王卿士者而詠之歌不然猶鷄鳴之思賢妃要之非諸侯相於周者不得有是詩也若王人則正是國人不確當

鳲鳩在桑

第一句第三句通篇皆一而不變蓋尊一德也第五句通篇皆疊用上句每章精神歸於末句故也

其子在榛

青蠅曰樊曰棘曰榛傳榛所以為藩也

淑人君子

正是國人

將言與誦之存於國人故重而言其儀不忒正是國人也然先四國後國人非詩之例須知四國在末句國人在第四句在末句者意盡矣在中間者意未盡也故四國乎萬年對非乎國人對詩例儼然夫下半二章全於四國萬年句着神而四字萬字都自一字筭出來詩人之

巧意

正是國人胡不萬年此言國人至于今誦其一德不已也今小雅遐不眉壽所指不同周語秋詩曰萬年也者令聞不忘之謂也古之君子一德正國人莫不欣戴耆舊相傳稱詠其義死而不朽盛德之事也故以是終焉若徒說願其壽考則四國之後却以國人取結斷不通

鳲鳩四章

下、泉思治也匪風思周道下泉思明王賢伯乱極故也以是終變風蓋示後君子以衰世民情欲使斯民不久於塗炭也**曹人**詩有周有郇故曰曹人蒹楚曰國人**疾共公**共公十年齊桓卒自後無伯十一年晉文卒後十年而共公卒未知是詩何時作嚴粲云共公時晉文霸業方盛而文於曹虐矣下泉愧木瓜案是武斷耳**侵刻下民**侵因浸字○坊本下

上有其字衍別本皆無

不得其所

苞稂蕭蓍皆因於水下民不得其所句出六月序□妄意齊桓卒天下大乱十年侵刻蓋在是時欲

憂而思明王賢伯也

曰疾曰憂而提首句思字至矣盡矣且稱明王古丈哉所以終國風在此

冽彼下泉

冽从氷寒也爾雅沃泉縣出縣出下出注水從上溜下也即下泉

浸彼苞稂

比也寒水浸田而禾穀為稂也以比民憔悴於虐政焉□小雅不稂不莠稂非一種名凡穀為穗不成者

愾我寤嘆念彼周京

寤歎唯寐忘之之辭大車曰有冽氿泉無浸穫薪契契寤嘆哀我憚人此是詩所本也則念彼周京亦周適如砥瞻言出涕之意說詳於彼

冽彼下泉浸彼苞蕭

蕭以供祭祀焉蕭与蓍皆蒿屬故耦是詩人乃思浸苞稂是愾嘆之大者故首出之而蕭而蓍是餘嘆所及至卒章又舉其大者

愾我寤嘆念彼

京周

三苞皆比也。然浸苞稂，無以自食，一嘆而身既瘁矣，能不念周京之民不飢不寒乎？浸苞蕭，無以供先，再嘆而鬼神哭矣，能不念京周之仁及死者乎？

洌彼下泉，浸彼苞蓍

蓍以供白筮焉，既無自食，又無以供先，能無憂其後日乎？哀我人斯，尹何從祿所，已感於蓍也。明王之民老身長子，而曰我本分，何占筮將來之有？

愾我寤嘆，念彼京師

前途不可知，三歎而祿命窮矣，能不念京師之民日飲食不虞後乎？人可以食鮮可以飽，苞稂之嘆也。先祖匪人，胡寧忍予，苞蕭之嘆也。握粟出卜，自何能穀，苞蓍之歎也。

芃芃黍苗，陰雨膏之

興也。黍苗得陰雨之膏以成嘉穀，以興民庶得郇伯之勞以飽王澤焉。○是章亦自小雅黍苗來。

四國有王，郇伯勞之

有王，言王命徵發之事，如謝邑經營者。二字依舊，思周京，唯有內外耳。郇文子所封，出左傳桓九年，荀侯蓋其後也。竹書昭王八年王錫郇伯命蓋郇伯有遺愛於曹者故特慕之也曰前章三嘆使讀者心悄然悴矣讀而至卒章則恍然如春風來而移人意然膏以嘆不膏勞以嘆不勞一誦有餘慍者也

下泉四章

曹國四篇

宋魯無詩鄭公云周尊之不陳其詩是或然矣因案之齊詩止於襄公虞詩止於獻公而桓文無詩蓋亦尊侯伯也不然以論齊桓時也秦康陳靈並在晉文卒之後矣

毛詩考卷十三

毛詩考卷十四

豳國第十五

公劉始居豳，豳之為變風，序無篇示其義矣。

籥章職吹豳詩以逆暑迎寒，祈年于田祖，吹豳雅以樂田畯，祭蜡則吹豳頌以息老物。鄭公以三豳為七月，蓋有所傳。豳詩自首章至五章豳雅，六章七章豳頌，卒章也。蓋周公本戒成王以豳公古風，及立籥章，用之隨事而變其音節，而雅頌之名立焉。外七月而求豳雅頌，不取也。豳詩本編齊國之次，蓋仲尼定而寘諸變風之後，以與二南終始焉。周公之變王者之風也。

七月陳王業也不言周公，序之例也。周公遭變豳之所以爲變風在此。季札謂豳其周公之東乎，古書符合若是，昧序者渾不曉也。豳公亦纘祖業者，故云然。故陳后稷先公后稷大祖風化之所由所相承而漸廣也致王業之

艱難也致馴致也周公身遠成王不能步其身故陳之以戒成王無逸主稼穡艱難亦同○
子曰於七月見豳公之所造周也即言為王業之
始箸合○是亭古雅絕妙寔聖賢之修辭也

七月流火九月授衣火西流將寒之候也授衣言成衣而授家人**一之日**
觱發傳以一為十之餘可從觱發蓋風声寒也○是篇自正陽至正陰皆月之子丑寅卯之月
皆日之唯三月稱蠶月**二之日栗烈**寒氣甚也**無衣無褐何以卒**
歲褐織毛為布也歲以夏正言之○豳風見大星之流室家相告曰寒將來至於九月不可不授
寒衣也觱發之風栗烈之寒衣褐不具不可以卒
歲焉翁嫗婦子皆守豳公之教而寒衣刀尺自七
月豫之**三之日于耜**祭耒耜也一之日于貉同語法吉將有事必有祭焉夏小正正
月農緯厥耒初歲祭耒初歲猶初吉言立春也農
夫皆脩東其耒立春君祭耒其礼正合周王執耜

〔於藉田亦立春〕**四之日舉趾**〔舉足而耕也〕**同我婦子**〔翁嫗之言也與五章嗟我婦子起結整然〕**饁彼南畝**〔壯者皆在田故老者率少者而饋之〕**田畯至喜**〔田大夫見而喜之著衆人之力田也○是章先衣後食而二章三章言女功四章五章言男功結之篇章所謂𢇁詩是也然首章總通篇六意以舉之故六章七章既結而又起申言百蔬百穀民食之事而卒章農事順成祭蜡勞民也是詩合而言之風也其所以有雅頌之名不可不繹〕

七月流火九月授衣〔是章言女子蠶桑○女功以禦寒爲要故二章三章亦以七月流火起與四章五章相變主意所在自第三句始〕**春日載陽有鳴倉庚**〔夏小正二月有鳴倉庚○五十者衣帛故九月授衣當自春日豫之〕**女執懿筐**〔懿爾雅美也懿德之懿〕**遵彼微行**〔行道也故曰牆下徑〕**爰求柔桑**〔求者桑芽猶穉故也〕**春**

日遲遲采蘩祁祁

蠶殊早則求穉桑是稀耳今乃采蘩之時也釋訓祁祁遲遲徐也蓋釋是經者與傷悲緊接〇或云蠶未出煮蘩沃之則易出或云始生以蘩啖之

女心傷悲

夏小正二月綏多女士故感春色而労心曲也日月陽止女心傷止卉木萋止女心悲止雖豳公時君子行役亦有之倂而婉句取趣

殆及公子同歸

殆助字也公子自女子稱之女公子也下章同〇殆迨逮逝遾噬古蓋字異而相用爾雅遏遾逮也案遏當作逝家語殆天之未隂雨又曰丘迨得其為人殆迨也迨逮也逮逝也唐風噬字韓詩作逝在詩逝為助聲

七月流火八月萑葦

是章言女子蠶績也〇萑葦傳云豫畜蠶曲夏小正七月莠萑葦灌荼言為褚衣物故聚蘆花絮是亦夏道

蠶月條桑

蠶月三月也曰七月八月三月則失通篇之例故稱蠶月夏小正三月攝桑妾子始蠶條言手捩其條而折之據小正說枝尚穉故

女手摭之之意周公本小正當亦一意

取彼斧斨以伐遠揚

斧隋銎斨方銎銎孔也言受柄處遠長也遠條之遠

猗彼女桑

猗猗通引也綰而采其葉也女桑言桑樹之小者

七月鳴鵙

前章有二春日是章亦再以七月起〇少昊伯趙氏司至者故小正月令五月書之然鵙鳴盛于秋雖寒其始鳴或前此是主其盛鳴而促人言之非祀其始鳴蓋麻事之候

八月載績

絲事畢而麻事起七月鵙鳴嗅嗅女皆豫麻事至八月紡績盛興

載玄載黃我朱孔陽

蠶績所成皆染之夏小正八月玄校

爲公子裳

朱色殊美我將獻女公子言民心親上也婦人衣裳連曰裳者只是謙辭也〇左傳謂公女為公子

四月秀葽

是章言男子稼穡將徵之事〇四月麥秋也刈麥殖禾稱月自四月始是章始言男功故首提四月而五月而六月而九月而二之日是起句之敘也

五月鳴蜩

小正良蜩

鳴唐蜩鳴在五月蓋秀葽鳴蜩南訛之時而農夫所候以趨事也鳴蜩嘒嘒農事既忙六七月不必言以八月其穫受之猶前章流火受以授衣萑葦鳴鵙受以載績其為農候必矣旧説槩為將寒之候迂矣夫寒暑並不可不禦故豳詩逆暑迎寒並用之且當四月將暑之時不用心於南訛而徒感將秋之理不近人情又濶於民務矣豳之古俗豈若是高妙幽邃乎口據小正鳴蜩自五月至七月此省六七月其意吻合

八月其穫 稲有早中晩八月是收穫之始也以至十月穫稲而畢此農夫所以候秀葽鳴蜩而忙急時事也

十月隕蘀 自八月穫至于十月則草木亦落葉是將獮之候

一之日于貉 為田獵貉祭也貉禡同兵祭也大司馬職有司表貉注立表而貉祭也田者習兵之礼禱氣勢十百而多穫也案貉祭在出將田時口貉貍裘是韻也

取彼狐貍為公子裘 自男子言之公之適庶子也小正九月王始裘周語隕霜

而冬〻裘具言九月也此特言欲禦寒發之意

二之日其同 至是舉月凡六次章亦同並自夏至冬〻 **載纘武功** 纘續往歲也周語三時務農而一時講武 **言私其豵** **獻豜于公** 亦以禦栗烈也說文豵豕生一歲豜生三歲与傳合爾雅豕生三豵言育子三頭猶從母則小豕也又麕絶有力豜是大麕也夫豵小而豜大周礼大獸公之小禽私之不必問其歲不必問豕鹿麕而爾雅可徵諸説頗紛紜

五月斯螽動股 是章言男子力田卒歲之事以一結之口動股股相切作声也考工記以股鳴者注蚣蝑屬是章言候蟲而包人事是時也農夫可以息足乎 **六月莎雞振羽** 農夫可以須臾束手乎莎雞居莎草間飛而振羽索索作声 **七月在野** 二蟲在野盛鳴農夫可以坐臥於家乎三箇月即前章鳴蜩之時也 **八月在宇** 二蟲避涼就人簷下是收

藏之候禾之先熟者可以收可以剝棗斷壺虞畜藏物九月在戶避肅霜而入室戶內可以築場圃畢三務焉十月蟋蟀入我牀下於是納禾稼滌場而始休于家也前章其穫句為人事是章全不言人事詠候蟲以形容之穹窒熏鼠以下男子之內事合三冬而詠之與前章男子之外事分一之日二之日而詠之相顧眄成辭〇農夫栖栖不遑他牆壁多缺壞至此始休于家故修補之亡穹窮也亦是塞義塞向墐戶向又作郷嚮出士虞禮明堂位凡牖皆名向不獨北出此禦寒故傳曰北牖其實不必拘戶亦不唯北戶篳戶織荊竹為扉以其通風故泥之四事成王所未嘗知也〇上六句三蟲受以二句四事疏密相協嗟我婦子又為翁嫗之言以應首章我婦子詩之意至是章一小結曰為改歲入此室處改歲以首章卒歲例之二之日而改也卒章朋酒羔羊在十二月亦受十月滌場句

況五章從來與四章相聯接如一乎舊說以十月爲改歲正與首章佛○以上五章所謂豳詩也

六月食鬱及薁 是章言果蔬畜聚及時之事也○既結而又起以六月爲首者受前章起句五月也鬱疏云實大如李正赤而甜薁本草注實與葡萄無異小而圓色不甚紫一名野葡萄

七月亨葵及菽 本草注葵菜古人種爲常食爲五菜之主今不復食之案士虞禮鉶芼夏用葵菽菽豆總名

八月剝棗 出小正其說曰剝也者取也疏云就樹擊之故剝爲擊陸佃引齊民要術云棗全赤即收收法憾而落之爲上案爾雅載棗名十一古人愛棗可知○八月在宇收藏之候也故是章兩八月以下並詠餚畜之物辭有照應

十月穫稻 自八月其穫至此畢收是句主春酒繫之

爲此春酒以介眉壽 疏云凍時釀之故曰凍醪按是春熟者介眉壽特指春酒養老也上五物不必老者之食末句食我農夫相對而互之是章言

栽殖竭力及時食之畜之非分老壯朱注實參殊覺蛇足

七月食瓜

上殷以六月起故以七月受之瓜甜瓜也小正五月乃瓜是早熟者

八月断壺

小正八月剥瓜說曰畜瓜之時也案瓜即甘瓠委人職歛凡畜聚之物注瓜瓠葵芋禦冬之具案此亦畜瓠也断言就蔓断取□剥瓜不可訓擊剥棗本因小正則剥是脫落而取之之意陸云擊而落之似未中

九月叔苴

疏云九月麻實初熟拾取以供羹菜其在田收獲者納倉以供常食案麻子重出汎難曉如疏說所拾匣匣耳妄意苴是大麻而麻是胡麻欲張舊得種之說不足信此亦言儲畜也

采荼

本草注苦菜生于寒秋得夏乃成又春花夏實秋復花而不實經冬不凋是欲鄭曰乾荼則亦畜之也荼非美菜則與樗對固有理然苦菜非時物且樗獨非食品余不能安小正七月灌荼言聚萑葦之花也豳地晚寒則八九月荼猶可灌以為壯者衣物著也故尓薪樗比

薪樗

農隙多積之大寒烘

以取煖也樗臭而不堅故曰惡木荼與樗皆所以禦壯者之寒壺也苴也語勢雖主農夫非分老壯只是民食也成王一舉而百珍皆具惡知豳公之栽殖之儲畜之勞勤而與民同食乎故周公主數民食老壯之養荼樗禦寒以壺苴冬蓄以結兩段耳

食我農夫食農夫也曰我農夫者田畯之辭也小雅我取其陳食我農人亦自上之辭也首章所謂同我婦子五章以嗟我婦子結之所謂田畯至喜是章是句應之七章以嗟我農夫結之田畯紀農豳公之故也篇章之祈年于田祖則吹豳雅以樂田畯為是故也豳風豳雅之所以分確乎可言

九月築場圃是章言畢務築作之事也○圃蔬既成乃築場於圃以治穀○

十月納禾稼小正十二月納卵蒜說曰納之君也王制歲之杪五穀皆入制國用○鄭玄納困倉疏玄納于場皆通○凡穀連莖實謂之禾種曰稼斂曰穡家語良農能稼不必能穡禾是農夫所稼故曰

禾稼古多是語例說文秀實
曰稼又在野曰稼似聲訓
黍稷重穋
先種後熟
曰重後種
先熟曰穋
非穀名
禾麻菽麥
疏曰麻與菽麥無禾稱故於
三者上更稱禾以總稻秫苽
梁之輩案禾稼總百穀言之麻菽亦包焉
再言禾非所疑也麥納之既久亦總言
嗟我農夫
以下田畯戒督之言也〇是篇八十八句無句
不韻合歳商頌只是一句余久疑之蓋農夫出
前章夫字為韻此以農為韻夫為
我稼既同
上八
穀皆
餘声下以宮功受之二字連叶
納之
上入執宮功
上入言自鄙入都也宮功周語
所謂清風至而修城郭宮室也
畢之
夏時儆曰收爾場功偫爾畚挶營室之中土功其
始火之初見期於司里此其事也〇舊說自野廬
上入都邑之宅葺
治己宮余則不安
晝爾于茅宵爾索綯
宮功既畢
當自脩其
屋
亟其乘屋其始播百穀
百穀之播將始不亟無
及也考小正農緯厥耒

祭耒農率均田初服于公田皆在正月四句孔子引之曰耕之難也孟子以徵民事不可緩蓋農隙而日夜若是劇故也
口以上所謂豳詩也

二之日鑿冰沖沖 釈文沖沖声也得之南至而土功畢及大寒有是一役藏氷啓氷皆祭司寒是上聖燮理之政左傳有明文詩亦主燮理故受以九月肅霜不然辞不接

三之日納于凌陰 疏云豳土寒晚得晚納冰小正正月時有俊風月令東風解凍

四之日其蚤 疏云蚤早朝也 **獻羔祭韭** 月令鄭注祭司寒也案此豳公始用之時如月令先薦寝廟是也小正正月囿有韭疏云時韭新出故薦之案羔韭祭之古朴也

九月肅霜 言天時之順成也上言藏冰故煖月皆不挙直以寒霜時降受之左傳所謂無菑霜雹也

十月滌場 場功畢汛而埽之也 **朋酒斯饗曰殺羔羊** 此言豳公以羊酒労民也

上献羔亦君祭蜡之祭自太古籥章用之蜡祭則是必蜡矣蜡在十二月年順成則其國無不挙〇鄉飲酒礼尊兩壷于房戶間**躋彼公堂**三句言民皆升堂燕樂以祝其君也公堂與公館一例如鄉庠黨序亦是也**稱彼兕觥萬壽無疆**卒章輔相陰陽而時和歲豊隕霜及時三務畢成羊酒労民上下歡樂也此所謂豳頌也周頌皆一章凌陰之祭陰陽之和民務之成羊酒之樂萬壽之祝所以為頌也

七月八章

鴟鴞周公救亂也前二章言昔日之労後二章言居東之勤都是救乱也鴟鴞陰雨乱也恩勤綢繆救也拮据譙翛乱生而救之也**成王未知周公之志**罪人斯得而未知也釈詩之所以為変故弁是八字**公乃為詩**十二字金縢舊文故為字亦仍

舊序例曰作以遺王釈文遺本亦作貽名之曰鴟鴞焉三叔流言武庚實使之悪武庚故以名篇警發成王以恕己志之存王室也○焉字所以成小序體故添之

鴟鴞鴟鴞既取我子無毀我室比也鴟鴞入鳥巣而攫其子去故其鳥曰汝既取我子然無能毀我巣也以比武庚能詿誤三叔而不能若王室何焉是既誅武庚之後則無者非禁止辞○鴟鴞蓋悪鳥也據爾雅非鴟與鴞李時珍不古恩斯勤斯鬻子之閔斯武庚蠱三叔以救其乱大然王室不動者我閔我孺子恩恤之勤労之故也爾雅鬻稚也

迨天之未陰雨徹彼桑土綢繆牖戸比也亦是鳥言牖戸猶室家並借言巣也周公比己先不虞之変憂勤労苦以經営王室焉○陸云韓詩土作杜根也字林作撒桑皮也桑疏云桑根在土剥取其皮是説最明今女下民或敢侮予下民言武

庚也孔子引此章曰武庚惡能侮武庚昔為王元子稱下民鄙之也猶殷小腆殷逋播臣侮予言輕侮王室也口前之比與後之賦一意後之比與前之賦一意若相移而看之則猶興體焉

予手拮据

連卒章十句皆比也渾是鳥言拮据手病而曲局也疏失毛意韓詩說文口足共為事之說不及毛義

予所捋荼

捋擭取也荼與租則萑葦之苕也非茅秀也凡苕皆曰荼出爾雅小正周禮

予所蓄租

租禾稭也漢書埽地而祠席用苴稭注讀如租

予口卒瘏

卒辭也瘏言飢渴也我手病而亯揭其所勉而捋著是芳所勉而蓄著是稾以經營室家之故不遑飲啄我口遂渴而飢所以然者其心曰予巢未攻緻未可以安息也是以手拮口瘁亦不自覺耳此比東征救亂為王室勤苦以憂萬全猶昔日之志焉

曰予未有室家

如前二章既有室家也有而曰未有其亡其亡繫于苞桑周公諸書多是意所以定文武受命也或因是

句說是章遡言作巢之始，非也。是章與卒章聯，予手、予口、予羽、予尾，並居東匡四國而吪道之時。

予羽譙譙，予尾翛翛，

譙譙，殺也。翛翛，敝也。案譙與嗚通。樂記曰：嗚殺之音。毛或據之。閔疏翛似亦作消消。口上章為東土大乱，人心騷動，故憂王室而手病口病也。是章為王惑於流言，周室將復有變，故羽殺尾翛，是周公旅瘁也。叔父憂患於外，瑣瑣經年，成王雖惑，聞是悴態，能無感然乎。

予室翹翹，

一句忠切，成王能無凜然乎。口叔父曰我室、曰牖户、曰室家、曰予室，以比王室，自白其志，存王室以闡解王惑。異日成王泣曰：昔公勤勞王家。豈亦有感於是詩歟。

風雨所漂搖，

風雨應上陰雨言。今日讒慝焉。夫公勤勞王家，先陰雨綢繆甚牢，叛臣之不敢毀我侮予，公之力也。今東土既寧，而王猶惑於羣小，使公淹於遠，是昔者陰雨猶未已，又漂搖我室也。若夫滂沱，而周室無公，王誰與救乱乎。此周公所以哀遡也。

予維音嘵嘵，

為王室故作是

恐懼之声告鬭於王也爾雅憢憢懼也嘵亦同〇家語東征之二年罪人斯得序亦無東避之事

鴟鴞四章

東山周公東征也 不曰歸自東征其辭高雅 **周公東征三年而歸** 示東山所以為憂也前二章不啻旅情有怵惕之心〇居東二年之秋雷風解惑周公乃封微子作嘉禾踰事而歸則周一二月也匏瓜尚繫故曰三年詩言其久因以周正年之 **勞歸士** 礼道不虛必有賞慶酒肉 **大夫美之** 周公之大夫也周公以蔡仲為卿士孔傳周公圻内侯二卿治事 **故作是詩也** 美周公全師勞歸故抒其德意作是勞詩而用之也破斧至狼跋其作在前進東山上録與鴟鴞並而始終故也〇後四篇皆曰周大夫此不言周者周公既歸周在可知 **一章言其先也** 雖危懼能全其身也 **二章言其思也**

室家之荒蕪也三章言其室家之望女也上半居東下半歸路頌之或來瞻女字法同〇三章歸士有妻娶者卒章歸士新昏者四章樂男女之得及時也周公樂之也以歸士之樂為樂〇所釋皆人之私情也故下文數行之君子之於人序其情而閔其勞所以說也代其人而陳其情私也是語通於四牡采薇諸勞詩且刺謠者亦代其人而吟詠情性詩之體則一致也說以使民民忘其死兌彖四句亦與是同蓋古有是成語〇歸士周公之士大夫也公初率六師東征然大衆果三年於外乎是不可知但王人若與勞則天下公事不得以國風勞之況變風乎疏意不了其唯東山乎七月鴟鴞聖制也而東山大夫作故盛美其詩以示其殿二篇無遜色之義猶關雎序盛贊美國史焉

我徂東山慆慆不歸東土曰東山詩辭也或云軍屯必依山為固泥矣慆滔相用滔滔水流不已也淹滯不過之意自見矣

我來自東零雨其濛又有陰雨之窘是蓋實事三章可味詩己代歸士我者皆歸士自稱

我東曰歸我心西悲在東而思歸則心必西飛

制彼裳衣勿士行枚裳衣嘉服也行枚山器也報人既誅可以歸而不歸西悲則眷顧故鄉而自愛之心自生常願被嘉服而無復事軍行銜枚完性命於死裝之感也勿者蓋亦勿思之勿

蜎蜎者蠋烝在桑野興也蜎蜎考工注蠕動貟蠋桑蟲孤獨不羣烝久也下同釈言釈詁可徵

敦彼獨宿亦在車下敦專獨貟下同獨宿曠夫也蠋以獨名故受之臥車下客中淒苦之況天譴未霽身事未測客居零丁如桑野之蠋是章不唯旅情有怵惕之心所以為變風也○或云歸途之歎大誤上天動威天子感悟周公

之帰士踴躍而西其何歎之有

我徂東山慆慆不歸我來自東零雨其濛每章皆弁四句獨格奇叙果臝之實亦施于宇本草栝樓六月華七月實〇周公既作大誥帥師討叛國成王惑於流言而不得帰所謂遭変是也是以征士危慄如流人無所依家之存亡亦未可知所以有是憂思也或云帰途思家大誤伊威在室因濕化生夏秋尤多蠨蛸在戶小蜘蛛長股者戶無人出入則結網當之町畽鹿場町畽荒而如鹿場也町田區畔埒也畽未詳蓋亦起畔也程子云廬旁畦壠近是熠燿宵行本草螢火一名熠燿張華詩熠燿宵流以夜行為宵行出周礼諸書畦壠荒草木腐夜則為螢火遊行之地不可畏也伊可懷也以身役王事家雖瀰乎畏之可耶抑亦可不懷乎不畏公也懷之私也以

公滅私人臣之義也棄親如遺亦非人也子曰於東山見周公之先公而後私也蓋指是周公之訓矣以上成王未悟征夫無歸日之時〇淮南子規孟賁之目大而不可畏言無可畏也語氣自別畏之不可也懷之可也所謂先公而後私者通篇陳歸士之私情故於是句發先公之義矣

我徂東山慆慆不歸我來自東零雨其濛

前二章慆慆不歸之時自此二章始來自東之事上二句應上二章下二句應下二章

鸛鳴于垤

受零雨而言之我來二句始為實境故也將雨則蟻上垤鸛乃鳴鸛之所鳴不必於垤但垤亦与將雨有關故成辭如是朱子鸛食蟻之說古書有徵乎

婦歎于室

此歸士意中之事天有雨色唯我婦當憂是滂沱云尔舊說語意不貫非說詩之法耳

洒埽穹窒我征聿至

我婦為我埽窒日瞻望以為我行而歸至亦不遠矣曰至曰至眼既穿欲其雨其雨能無歎乎四句皆歸

士推妻心而言之宜求語氣而味其妙舊說斷斷我字亦不穩所謂室家望女用夫所推而繫辭也

有敦瓜苦

敦專獨貌乾其靜也專與翕互應毛義可從言其孤然猶繫也瓜苦与桑柔一語法言苦匏也匏瓜不食者

烝在栗薪

烝又也栗薪栗樹也棘薪桑薪同〇二句受書至字而賦歸日之事也歸士至家見林園之不華舊觀而喜曰昔日之懷安也瓜栗且如是三年之久亦是一日耳然而曰苦曰栗自有苦辛戰栗之意以寫夫婦兩心怵惕多年之苦焉一以久濶相慶一以告況相弔寃結三歲夫婦悲喜之情模寫尽矣〇此非比體只是賦中之寓意蒹葭伐木亦一例

自我不見于今三年

是行也周公蒙大患士大夫從行者死生之分未可知矣其労心悲酸如何邪一旦俄然再見天日室家相視若過再生之母其舊如之何乎是四句應

我徂東山慆慆不歸我來自東零雨其濛

至此而亡論東山之

惱也、零雨之濛亦為一場昨夢、猶繫是句者、労帰士之本意在此故也、**倉庚于飛熠燿其羽**興也、夏小正、二月有鳴倉庚、即倉月也、以時物取興、熠燿鮮明也、蛍亦取是義、名之亙應零雨之濛、持曰熠燿、以論上半、苦景三章鸛垤瓜栗尚有餘感、至此興於倉庚、俄而如宿霧消滅而春天窈窕、**之子于歸皇駁其馬**黃白曰皇、騂白曰駁、以倉庚飛而其羽燁然興新婦之帰車馬爛然焉、**親結其縭**爾雅婦人之褘謂之縭、嫁時執燭前馬、熠燿字極巧、縭言衣小帯也、親結言女自結之也、士昏礼主人入親說婦之纓、纓縭也、婦親結之、夫親說之、親字二経相符、曲礼詳嫁纓、内則衿纓是也、**九十其儀**舊說其母親自結其縭、於辞大不安、九之十之言盡裝、**其新孔嘉其舊如之何**樂莫樂兮新知也、親字被及是句、樂其新之嘉固也、然悲莫悲兮生別離、況浮雲掩日、風雨未霽、征夫畏其家之為瀦、怨女哀生離之將爲死別三年之久寢食皆廢人生之苦荼毒極矣家有老幼者則兩地相苦惱不唯爲伉儷故是行是會唯舊婚有不勝其歡喜者故曰如之何言路絶之謂也未結一句通篇精神之所棲以大歡喜之辭吐盡昔日之大苦惱者也

東山四章

破斧美周公也周公之變起自四國故以破斧爲首自此四篇皆居東之詩也周公作豳風言七月也它附周公變風併稱豳國

周大夫周公之大夫也從周公於東者下皆同

以惡四國焉四國蓋三叔及殷也淮夷徐奄不足言以殷包之大誥主殷小腆而不言淮夷徐奄首毀周公者三叔而武庚實噬之故大夫惡之也多士多方皆以是說通焉是一句所以示詩之爲變風下三篇亦懸是龜鏡矣昧序者說豳如二南迷亂大體何足與言詩乎

既破我斧又缺我斨

言周公之勤勞王事於外也居東之久師衆之苦亦見矣周輦藏一斧一斤一鑿一梩一鋤二版二築詩所奉亦軍中雜用或云斧鉞之斧非也

周公東征四國是皇

爾雅皇匡正也齊詩作匡此言正叛亂之罪以誅其君也○朱注四國四方之國如正是四國多例案此四國與多士多方同序非指萬國勿惑邪說

哀我人斯

詩之主腦在此○是句又出小雅態義則大異四國亦異他周大夫乎王風序又異

亦孔之將

將大也偏之互夫周公明大德于東土治渠魁赦脅從使民復業之類哀恤甚大故大夫美之曰德施普哉公乎嗟女四國為女流言故使聖人慆慆不歸破斧缺斨其勤勞如何哉是惡四國也

既破斧又缺我錡我

疏云錡乎銶不審其狀案周輦所載斤鑿一名欽今無考易云旅于處得其資斧言利斧也斧不唯軍用亦旅中所利賴

周公東征四國是吪

訛同爾雅訛化也此言化頑嚚之心以宥其黨也

哀我人斯亦孔之嘉

嘉凶之反使父母兄弟妻子各得其所嘉也嗟女四國女有無餘刑若使它人征伐及女老幼妻帑官長必有佚罰唯公至仁戮其鯨鯢而化黨之徒則從未滅化其惡心故而止使女輩室家團欒哀恤所至可謂嘉矣若是盛德而曰公將不利于孺子果何心邪

既破我斧又缺我銶

韓詩錡木屬銶鑿屬與毛正反釋文一云銶今之獨頭斧宗木屬前人不釈豈言以木造之不用金者歟

周公東征四國是道

揫同爾雅揫歛聚也此言鳩離散之民以安其土也

哀我人斯亦孔之休

休咎之反樂樂利利而優游五福中休也○皇曰將正之公而不偏也嘉与休是對言哀恤之道以嘉以休也吪曰嘉化之而使得其嘉也遵曰休聚之而使附其休也離散之民不無惡物然肆大眚安堵如故是以休哀

恤之也民皆免六極而帰五福此謂哀恤之休也舊説曰嘉善也休美也余所未安

破斧三章

伐柯美周公也言成王惑於流言故伐柯九戢次之周大夫刺朝廷之不知也在國風不可謂刺成王故汎言而称朝廷詩固亦不直指王也不知字要訣

伐柯如何匪斧不克比也伐柯者依然用其斧以比知賢如何匪賢不克焉○爾雅柯法也考工記車人以柯為度曰一柯二柯三柯半柯柯所以取法也故比焉

取妻如何匪媒不得比也左傳唯善故能擧其類非斧不克伐柯苟非其人則不克知其賢已則不知宜就其人而咨謀之猶非媒不得妻焉○曰不克曰不得風刺之意自見序所謂不知即是也

伐柯伐柯其則不遠比也其則近在手中柯一睨可知以比以賢見賢則賢者可知

焉

我覯之子籩豆有踐賦也受不遠言之曰以我觀於周公其於小禮儀之間亦知其動容周旋爲盛德君子不必待其昌言偉行也○白華申后稱幽王曰之子是稱經而等也或云之子指廷臣刺其事籩豆未務而不知聖德案九罭可併考之子非周公二篇所美何往

伐柯二章

九罭美周公也伐柯唯刺其不知九罭悲公之不歸周大夫刺朝廷之不知也不知狼跋所謂王不知也然婉而成章序法儼然二篇相耦故序亦同辭

九罭之魚鱒魴比也九罭數罟也鱒魴名魚也以比周公盛德而羅羣小之譏焉○蓋罭域也九言其囊多也郭璞云今之百囊罟孫炎云魚所入有九囊○鱒魴二魚比周公猶魴鰈比文善

我覯之子袞衣繡裳言巍然於大宴中也一著其德容堂堂不可以患難

勤焉一著其感嚴神明可以位冢宰正百官焉前篇言其小者却為極贊此乃直極贊其大者

鴻飛遵渚

興也受上而詠水景鴻之飛而遵渚以反興公今雖歸無所焉

公歸無所

歸上添雖字看口中二章酷似漸象余舊考云初六鴻漸于干小子厲有言干即渚也鴻遵渚無離于蜀乎故危不安也以興公歸無所焉厲有言即羣小之讒也

於女信處

女者同德相呼之辭也東土既寧公可以歸然王惑未解故同德相言曰公今雖歸無所姑且於女以待時而已

鴻飛遵陸公歸不復

陸高顯故興公今雖歸不復其舊位焉鴻水鳥遵渚其所也倦於水而遵陸亦其所欲也公則否故於興為反體口舊考云九三鴻漸于陸夫征不復九三進六四非嘉耦故凶以興公不復其位焉陸非水鳥所安今案本文明白不必備易

於女信宿

信宿淹於信處是辭之適也以見公之歸未可以日月算焉公固有安宅而曰於女有爰居爰處之

意亦詩中之情況使袞衣繡裳之人如旅瑣瑣無所庇者是詩之妙寫真景處王室未安周公能一日寧居於東乎孟子謂舜不順父母如窮人無所歸周公之心亦因是詩闡之其猶窮人歟

是以有袞衣兮以與己通是以猶曰夫既孟子夫既或治之予何言哉言周公既有袞衣繡裳可遄歸而立廟堂本位也

無以我公歸兮使袞衣之人久於東而不召之歸也

無使我心悲兮朝廷無召我公歸胡寧無使我心悲乎是反語

九罭四章

狼跋美周公也美周公之盛德故以終之且是篇美公處變而不失其正焉公之反變風而復諸正於是乎在焉則亦所以終之變風也唯文仲子可謂能論變風矣

周公攝政

遠則四國流言破斧所惡**近則王不知**伐柯九罭所刺**周大夫**

美其不失其聖也是亦慆慆不歸之時作也曰流言曰不知亦憂風之義也

狼跋其胡載疐其尾比也老狼頷垂胡進而躐胡怒而退則跲尾郤躓載字形容其不失其猛也以比周公遠近有難而不失其聖焉

公孫碩膚公孫周公也碩膚言寬弘大度也膚大出六月傳○左傳衛康叔子康伯曰王孫年是詩李作王孫又大師編豳風乃改為公孫赤不可知周公入豳國則是豳公之末孫也豳詩有公子公孫甚協破斧曰周公伐柯曰之子九罭曰公此曰公孫是辭之變也

赤舄几几受狼之進退而言公坦蕩蕩動容周旋不改其常也几几未詳說文引作掔掔寀爾雅掔厚也說文掔固也郭璞曰掔然厚貌據是則義可徵觀

狼疐其尾載跋其胡退而跲尾則怒而進又跋其胡也跲則怒而進跋則怒而退退則又跲跲則又進須知反其句重載字以著進退不失猛之勢

公孫碩膚德音不

瑕 大変之間泰然而其德無一闕也此受狼之不失猛文意所兼德不可不求有德必有声故德謂之德音古言也不唯詩左傳大國不加德音先王務脩德音非令聞之謂也

狼跋二章

豳國七篇

魏豳並七篇 檜曹並四篇

七月

鴟鴞 東山 破斧 伐柯 九罭 狼跋

毛詩考卷十四

四十枚

毛詩考卷十五

小雅

雅者正樂正声也小雅者王政之小者也

鹿鳴之什第一

鹿鳴燕群臣嘉賓也天子燕王人諸侯之詩也序所亦皆言作詩之本燕礼鄉飲大學廣其用也昧序者不知鹿鳴本為天子之詩風雅紊矣既飲食之古文也人情非飲食不親又實幣帛筐篚實字親切古文也飲有酬幣食有侑幣以將其厚意將幣所以將厚意也然後忠臣嘉賓得盡其心矣上以厚意親下則下皆感悅尽心勤勞王事也上不親下則下欲盡其心亦有不得者故曰得盡鹿鳴親之至也

呦呦鹿鳴食野之苹興也鹿鳴相呼食而樂群以興嘉賓之歌樂而歡燕焉通篇以

二句興四句子曰鹿鳴興于獸而君子大之取其得食而相呼也興體以是為規矩而古義可推新語鹿鳴以仁求其羣**我有嘉賓鼓瑟吹笙**奏絲竹以燕樂之也歌樂受鹿之呦呦**吹笙鼓簧承筐是將**行幣帛以燕樂之也筐簧其声盛故於將幣言之與卒章於和樂言琴瑟各有所當**人之好我示我周行**鼓瑟承筐自我也然興于鹿鳴則嘉賓得礼而歡燕比主意所在也故曰好我言善飲我酒歡洽也賓之好我既如是願又語周行以終其好焉是因旅語言之或以是句為通篇骨子經生哉周行至道大道礼記與私恵互應

呦呦鹿鳴食野之蒿以呦鹿之仁於友興嘉賓之昭于德篤于民**我有嘉賓德音孔昭**德音即德也但以音受呦呦是詩人之巧也美嘉賓之德有戒之以休之道所以為王言也**視民不恌**視民古書多出非示也後什視人罔極示字上出恌左傳

引作洮

君子是則是傚言儀刑君子也子曰能補過者君子也詩曰君子是則是效孟僖子可則效已矣嘉賓刑先哲是古義也

我有旨酒嘉賓式燕以敖令德如上豈有代德惟是旨酒須燕以敖不醉無歸

呦呦鹿鳴食野之芩芩莖如釵股葉如竹牛馬亦喜食之說文蒿也案三章如一故知苹亦藾蒿非蓱

我有嘉賓鼓瑟鼓琴左傳鹿鳴君所以嘉寡君也國語鹿鳴君之所以嘉先君之好也嘉賓本稱君人者故穆叔不敢當而讓於君也可見本是天子燕公卿諸侯之詩

鼓瑟鼓琴足利古本作鼓琴鼓瑟案是亦首章一例然以韻推之諸本似得真

和樂且湛湛是浸漬之義後什湛湛露斯

我有旨酒言為嘉賓湑酒如澠也再言之者即不醉無歸之意

以燕樂嘉賓之心句法非常而厚意非常亦見不必就

心字瑣説一章言周行二章言德音而卒章獨述燕樂之事与采薇之卒章一格也可併看

鹿鳴三章

四牡勞使臣之來也 四牡皇華之使臣皆王人也与鹿鳴之羣臣同後通用之也諸侯以労帰使又以労聘使序挙本義也○先労而後遣蓋因礼之輕重也采微三篇亦遣一首而労二首 **有功而見知則説矣** 一句簡而義備矣國語穆叔曰四牡君所以章使臣之勤也敢不拜章勤即功也章即知也拜即説也古言古事相符若是○中庸遯世而不見知

四牡騑騑周道倭遲 通篇使臣自述之辞也下篇同少儀車馬之美匪匪翼翼周道与魯道一義倭遲回遠見爾雅邐迆沙丘注旁行連延是亦相通○首章未知四牡為何馬二章而知其有駱馬至卒章始知四牡皆駱馬

豈不懷歸王事靡盬我心傷

悲馬騑騑而道悠悠以王事故不得歸父母在堂何時歸而定省

四牡騑騑嘽嘽駱馬傳云騑騑行不止皃嘽嘽喘息皃豈不懷歸王事靡盬不遑啓處啓居且不遑何以省父母乎心徒傷悲而已〇舊說啓處字別解之云啓跪處坐案說跪而居亦通〇長道悠遠受以我心傷悲行馬喘息受以不遑啓處是巧

翩翩者鵻載飛載下集于苞栩比也鵻祝鳩少昊祝鳩氏司徒取其孝也使臣陟岵之情方動於內故感於途中所見而詠歌之也王事靡盬不遑將父有鵻翩翩或飛或下遂入于苞栩以比人皆奔命營求以承父母歡焉因自歎曰我獨勞王事而不遑養我老當是微禽之不若也民莫不穀我獨何害其意同〇以反興說之亦通雖取其孝則同

翩翩者鵻載飛載止集于苞杞鵻羽比已失所而受以父母何怙此鵻比

人得所而自歎不遑供養。蓋鴇羽其本於此歟。

王事靡盬不遑將母

通篇雖為使臣自歎之辭，以王事靡盬為眼目，所以風厲之自存焉。此王事也，雖傷悲敢不奪情乎。雖不啓處，敢以為勞乎。雖不遑供養，非失子之道也。臣節所在，父母亦何謂不孝之子矣。君之教不獨皇華。

駕彼四駱載驟駸駸

王事方急，行行不息也。一云此為來諗故旋車也。皇華曰載馳載驅，此曰載驟，蓋相变也。

豈不懷歸是用作歌將母來諗

懷而不得帰，故姑且作歌來想耳。以使臣之來為諗父母之養。詩哉詩哉。夫使臣皆仕而有爵禄者，槩而論之，上大夫多無父者，故以將母成辭。作詩者提其多類施之群臣故也。折父言母而不及父，亦是意也。

四牡五章

皇皇者華君遣使臣也

君，天子也。此以君臣成辭，文相变。天保以上下對言。

又曰君能下下湛露彤弓與諸侯對故称天子不知者以是君為通於諸侯

送之以礼樂

遣使臣之時天子親莅具飲食之礼奏金石之樂以餞之也疏大誤是一句非孔門君子不能繫古哉

言遠而有光華也

礼樂之送首途既有光華是詩乃言愈遠而愈有光華也遠以釋彼原隰光以釋皇華以釋華而首章之比意燁然發五色矣舊説不及是句簡悉

皇皇者華于彼原隰

比也春木之華于彼原隰煌煌人望而歎美之夫使臣膺才能之選天朝寵靈荷諸其身以臨照諸侯所至莫不歡欣芬芳以優待之此其比也然數其對揚王休命亦存焉是為王言

駪駪征夫每懷靡及

駪字書馬群行欲先晉語引之曰夙夜征行不遑啓處大雅征夫捷捷每懷靡及駪馳驟疾行良國語懷和為每懷言夙夜懷和協使命也靡及言汲汲為不及事也

我馬維駒六轡如濡車馬者天子命服也不稱其服是辱命也○爾雅駒裹驂言飾而驂之也如濡美也如絲調也首章奇而後四章兩兩相比沃若美也旣均調也**載馳載驅**駪駪然不敦寧處**周爰咨諏**周忠信也訪問於善人為咨故四章皆有咨咨材藝之事為諏君子游於藝左傳曰咨事國語曰咨才才即藝事也以忠信咨諏於善人故皆曰周爰

我馬維騏六轡如絲車馬所獨諸侯望塵而震動向以和調王命而報德矣○此六轡索轡也遠征者固當非絲轡**載馳載驅周爰咨謀**謀左傳曰咨難國語曰咨事亦同所至之國或有患難之事或遇事難處置者也○如濡如絲成對而駆亦為韻後章則否

我馬維駱六轡沃若采薇四章美車而曰豈敢定居五章美馬而曰豈不日戒風意所寓一也**載馳載驅周爰咨度**度左傳曰咨礼國語曰咨義亦同○左傳五善

者咨諏謀度詢也國語六德者每懷諏謀度詢周也周亦所教則非忠信之人也大雅周爰執事

我馬維駰 前二章二如諏謀韻法皆成對後二章決若既均以不對相對度詢韻法又成對竊考四牡之詩四馬皆駱是篇駒而騏者是兩驂而駱與駰是兩服效駕四馬故四章而終

六轡既均 車馬若是既備而未可知者我使事也夙夜懷之何以免罪矣此諏謀度詢之所以盡忠信咨於善人也

載馳載驅周爰咨詢 詢左國並曰咨親諏謀度詢自輕至重晉語文王詢於八虞而咨於二虢度於閎夭而謀于南宮諏於蔡原而詢于辛尹字本義似有深淺〇通篇使臣之辭也左國並曰君教使臣治詩者宜以是察詩本體託己志於人之口是序所示也

皇皇者華五章

常棣燕兄弟也 公卿諸侯之同姓者 **閔管蔡之失道** 二叔誅而親親

之道闕故封建親戚以藩屛周作常棣以親之使天子治不忘乱以篤同姓使兄弟之國知封建之為乱世藩屛以奬王室蓋周公之志也正雅唯常棣有喪乱之事故序舉管蔡示之

故作常棣焉

作常棣以親之也是句與名之曰鴟鴞一例其辞樸而古雅正風雅無作是詩文

常棣之華鄂不韡韡

比也鄂外發也韡韡光明也言其華鄂然韡然甚美以比兄弟懿親相愛之為美焉

凡今之人莫如兄弟

今即平世也也唯親兄弟為要也太平多樂事友生之歡或加兄弟唯君子不忘喪乱之變而固骨肉之恩於平世也故下言死喪急難

死喪之威兄弟孔懷

威畏厭溺之畏也喪乱日久今而太平故变凡今而遡詠乱世焉言唯兄弟不避死喪以相恤也

原隰裒矣兄弟求矣

左傳我是以有輔氏之聚言聚合師也裒聚一義言成軍於原隰也大衆雖聚唯兄弟有互相死生之情焉三軍之懼

死喪之大者是言兄弟至情見於逆境〇蓋周公曰後世有亂則夾輔王室任憂致命必兄弟之國也故在治日而不可不盡恩意焉此周公所以主訓告成王欲

脊令在原興也**兄弟急難**水鳥失所飛鳴益躁以興兄弟互相奔走於急難焉〇死喪大變也故首之急難

每有良朋釈訓每有雖也案下章有雖有外侮其事汎兩章相比字則恐非訓每為雖也合二字而釈之欲不可謂無有兄弟

況也永歎況益也大雅多出傳訓茲蓋滋也出車箋得之況歎言歎又歎而已孟子親之過大而不怨是愈疏也韓非子群臣有紫衣進者曰益遠寡人惡臭字法相似釈文況或作兄案大雅職兄斯引兄益也晉語注況益也多例或云況發語詞或云況此也案其義無據且加也字未見語例〇蓋周公曰患難作而奔走供命者必兄弟也在異族雖大國未易怙及戎滅宗周晉鄭衛實羽翼平王兄弟也

兄弟鬩于牆外禦其務此亦詠亂世之事也故下以喪亂既平受之左國務作侮左傳周之有懿德也猶曰莫如兄弟故封建之其懷天下也猶懼有外侮故以親屏周大雅天子之詩古人之論與古序如貫每有良朋燕兄弟則曰每有良朋燕朋友則曰兄弟無遠是周公親親之厚也烝也無戎釋言烝塵也戎相也即釈是詩也外侮之至雖有異姓之親信者不及鬩兄弟其無盡力扞禦自昔然矣蓋周公曰雖兄弟不無小忿後世若有侮王室者必不以小忿廢懿親當要結同姓以禦之舍同而就異非萬全之道也吁歌之以燕諸姬其感激如何哉

喪亂既平既安且寧是章言平世自然之弊以發起下章也左傳謂亂平為寧多出有及寧告寧文此安寧言上下無虞日用娛樂雖有兄弟不如友生是聖人曲盡人情者也危事亡而樂事起人情自然從己氣稟所合故然不如友生句反應首章莫如兄弟

儐爾籩豆飲酒之飫受上章盛言大平親親之歡也恩患難相救之為天性則不親兄弟而親友生非悖德乎〇飫只是饗也飫賜之飫而非立成之飫故釋言以私釈之兄弟既具和樂且孺兄弟具列籩豆飲飲酒相樂也兄弟二出與上良朋二出成對〇孺言中心相愛也釈言訓屬亦依意之意山海經少具孺帝顓頊於此棄其琴瑟莊子鳥鵲孺魚傳沫

妻子好合如鼓瑟琴兄弟之燕室內亦雍熙以扶歡也鼓瑟琴有鹿鳴琴瑟樂嘉賓之意巧哉〇以下雖二章六句二貫中庸兄弟既所引及左傳賦常棣之七章以卒可見翕和樂且湛妻子琴瑟以鼓兄弟之歡其和樂不滋深乎兄弟如一家故舉妻子以著其恩意所以異於異姓也

宜爾室家樂爾妻帑兄弟和樂則室家妻帑亦得安逸無事也夫妻子好合則兄弟

和兄弟和則妻子樂和樂所自旋相為本是六句之貫也上視諸姬如一家則諸姬親上而王室以寧六句言妻子妻帑不

是究是圖亶其然乎

二句總通外兄弟於室家之義也篇以訓人異格也詩意既終乃繫訓戒之辭曰能苟稽前章之義親睦兄弟宜如是其然也哉弟子職有是協是稽句酷似□周礼以飲食之礼親宗族兄弟所歌其常棣乎管蔡為僇成王因少息於同姓亦不可知周公慮異日之不虞故特加是二句歟()左傳周公殺管叔而蔡蔡叔夫豈不愛王室故也死喪章可以見周公所以閔也管蔡忘孔懷之情失脊令之義鬩于牆而裒于原隰者也

常棣八章

首章發通篇而前三章言乱世後三章言治世而卒章結通篇

伐木燕朋友故舊也

公卿大夫及諸侯之異姓者也周礼以賓射之礼親故舊朋友鄭注王為世子時共在学者案義疏凡世臣遺老皆是鄭舉其一耳天子又友諸侯是得之

自天子至于庶人
釈喬木幽谷
未有不須友以成者
之鳥嚶嚶有卬須我友之意
親親以睦
親即諸父兄弟也是詩雖主異姓而同姓亦有朋友故舊疏云指上常棣非也
友賢不棄
即求友生也
不遺故舊
朋友故舊主異姓故曰不棄不遺
則民德歸厚矣
終和且平也序發明首章之義大意存焉故也
伐木丁丁鳥鳴嚶嚶
賦也是詩獨格後章起句更奇釈訓丁丁嚶嚶相切直也蓋亦古義伐木驚起谷鳥而鳥鳴與伐木相應丁丁嚶嚶然是朋友相切切相磋之意也下曰出自迷谷則王道藝進脩時事也賦中蓋寓是義切直即切磋會韻耳
出自幽谷遷于喬木
據序寓天子庶人之意也據釈訓寓始為臣子令為君父之意也造語婉轉義可兩通
嚶其鳴矣求其友声
在谷鳴多時出而遷亦鳴不已也○詩以伐木為章首則固三章也

然上六句下六句意一往而又起
相彼鳥矣猶求友声伐木者感歎之言
矧伊人矣不求友生山谷幽邃人有伐其木者下丁嚶於林樾谷鳥驚之嚶嚶
以鳴既而飛遷喬木猶不停其鳴静而聽之其声
似求其尚在谷者於是其人投斧斤歎曰飛鳥猶
求其群可以人而不求其友乎○在喬
木而不忘出谷以寓不棄不遺之意
神之聽之
終和且平詩人取芻蕘一佳話詠歌之乃曰此言雖小可以喻大天子親公卿諸侯得其
歡心神將賚以和平之福矣神蓋文武也和平所
謂天下和平災害不生也他日周公嘉成王曰無
怨無悪率由羣匹欲使成王得公卿諸侯之歡心
是公之至忠也常棣伐木行則王室乃盤石也
伐木許許釃酒有藇賦也許許猶所所說文所伐木声也古音通已朱子據淮南為
舉重勸力之歌然則伐木而後許許也未字藇美
皃○二章三章仍言伐木者本感所自也一句實

含首章十二句之意感
是鳥而釃酒速友也
既有肥羜以速諸父與下寧適
二句應故曰既諸父
故友之同姓者也寧適不來微我弗顧今日不來他日
請來無以適不來故竟不顧我也凡人有
厭心則託他故不來故致其殷勤如此於粲洒
埽陳饋八簋進物曰饋黍稷在簋稻粱在簠諸父言燕礼諸舅言食礼是詩主異姓故
也食在廟燕在寢食重於燕其實互
相備也燕詩而及食礼亦廣厚意也既有肥牡以
速諸舅故友之異姓者也呼叔父伯父者是諸父呼叔舅伯舅者是諸舅朱注先諸父後諸
舅親疏之殺也按詹說也寧適不來微我有咎適有
是詩主異姓故言礼重者
他故非我所知必不咎我而假日請來鄭詩無我
有左冂傳云微無也今從之訓非亦通
伐木于阪釃酒有衍水溢曰衍藇言其美衍言其多籩豆有踐兄弟

無遠兄弟亦朋友民之失德乾餱以愆失德言志好相怨也疏云由乾餱不分人以獲衍過案諸父諸舅尊行故曰寧適不來兄弟則直曰無遠無禁辭猶曰撥細故必皆來因告之曰人之失德其愆起自乾餱故一人不具於心不安衍其酒踐其肴不少一人以同其虞樂矣二句上屬下句受而演之有酒湑我無酒酤我於我乎湑之於我乎沽之言有無必設是酒也既曰釃酒有衍而又曰有酒無酒上下六句分段繄然〇周礼萍氏幾酒謹酒則市沽者固有之天子有酒正酒人其無酒何哉曰特以著厚意耳但牧人無牲則有買牲言羊或耗敗也然則公酒豈必常美成乎坎坎鼓我蹲蹲舞我釈訓坎坎墫墫喜也言鼓有喜声舞有喜態迨我暇矣飲此湑矣不失我暇日而使飲是湑也迨者不愆時之辞也詩中多出皆一意朱注失字義

伐木三章

天保下報上也臣下頌禱之詩也君能下下以成其政降心其臣慈仁以成其政也是什三篇一轄以魚麗終之則是句主常棣伐木繫之鹿鳴之三別自一轄臣能歸美以報其上焉歸政化之美於君詠福祿以勞其上也然是詩所用未可知在何時鄭所謂荅其歌者特言酬其歌之意耳宋說主聽不取也春秋時有君歌鹿鳴之三勞臣者而臣以天保荅賦者無有乎爾

天保定爾亦孔之固固者盤石不磷金湯不易也亦孔句篇首一出○上三章下三章分為兩段是篇法俾爾單厚何福不除單厚猶豐厚也除猶曰除道來也天俾爾豐厚是以何等福不除而至矣○頌云單厥心周語作亶曰亶厚也字通大雅爾土宇昄章亦

孔之厚矣、〇爾字十一、眷眷之意見矣、皆爾而不汝與、尚書一例、

俾爾多益以莫不庶、天俾爾繁昌、是以萬物莫不盛多也、大雅君子之車、既庶且多、〇俾爾弥爾性、俾爾昌而大、只是祝辭也、是詩係天言之、

天保定爾俾爾戩穀、俾爾句、全前凡三出、單厚多益華封所謂富也、而壽次多男子、戩穀是也、申以百祿遐福、〇釈詁戩福也、釈言穀履祿也、小雅式穀以女、穀即福也、朱子訓盡善妥矣、而字典戩注遂沒、爾雅古訓、良堪痛哭、

罄無不宜受天百祿、蓋本殷受命咸宜、百祿是何歟、

降爾遐福維日不足、天使爾戩穀、而爾能受天百祿、故天之降爾遐福、日亦不足也、是章戩穀為主、而百祿即戩穀之衆多也、遐福即戩穀之永久也、

天保定爾以莫不興、以莫句、合前後凡三出、此言既庶而又興起發作也、

如山

如阜如岡如陵言天祿之高也高而不危所以長守貴也○山脊曰岡山之高處大阜曰陵岡陵隆亢山阜如川之方至以莫不增言天祿之滿也滿而不溢所以長守富也此因百川注河水勢日增而言既興而又日增增益也○始提五如以結卒章相對

吉蠲爲饎是用孝享成王之福祿乃先王先公之餘況也唯能事宗廟而後可以保福祿矣故特言之周公爲成王戒密矣且孝一字甚緊遍爲爾德亦唯刑于斯也○朱注吉言諏日擇士之善蠲言齊戒滌濯之潔案於字精切然此系爲饎言之則祓除不祥以致明潔之義也左傳嘉栗旨酒言祥敬以薦之旨酒也此言爲饎之祥潔也禴祠烝嘗于公先王攄周禮爾雅則祠禴嘗烝也詩主音節不拘公先公也周礼祀先王以袞冕先公以鷩冕君曰卜爾萬壽無疆君即公先王也卜猶占也言考度爾前途後什卜爾百福如幾如式

神之弔矣詒爾多福神亦公先王也弔不弔昊天之弔釈詁弔至也言弔而格天曰降此曰詒別天神与人鬼也民之質矣日用飲食爾雅質成也大雅質爾人民此言烝民遂其生也飲食猶未濟上九有孚于飲酒群黎兆民百姓百官徧爲爾德徧為爾所教之德也德教加於百姓刑於四海是也大雅應侯順德〇神著民服而後王祿乃全善頌中自含風規聖人之周於言也〇神事再出故是章神二句而民四句如月之恒月益滿也日益高也如日之升此言天祿之日益盛大也苟享神人則豈唯今日福祿乎猶將日盛大而施于無窮也〇張絃曰恒又作緪月上弦而正半昏而中似弓之張而弦直如南山之壽不騫不崩此言天祿之不易也上如山言凡山而取其高此言終南而取其壽考工犀甲壽百年〇九如以華封三祝擬之日月已上富也南山壽也松

栢多男子也如松栢之茂無不爾或承此言天祿之無疆也青青相承即子子孫孫引無極也故以取結日月南山雖盛無世世相承之義終於松栢而萬子孫秩斯枯之禱乃全矣是意不可不繹不然松栢之於日月南山迄微足以終九如乎爾字以終末句協哉

天保六章

采薇遣戍役也畢曰戍役則將率亦包焉采薇以楊柳依依時發行歲亦陽止而後歸北地雨雪尚靡靡文王之時采薇三篇文王之雅也西有昆夷之患出車所謂西戎是也北有玁狁之難采薇止言北役而不言西戎是序三篇之義也故西北並舉以天子之命侯伯之師以王命行之雖春秋時乃然禮樂征伐自天子出此文王之所以有雅也因出車文故稱天子命將率遣戍役以守衛中

國班固以采薇為懿王時以出車為宣王時而馬遷以出車為襄王以後雜說哉故歌采薇以遣之遣以一詩出車以勞還杕杜以勤歸也還車還役出下文故是文略勞其勞曰勞勤其勤曰勤

采薇采薇薇亦作止賦也是篇將士卒戍而還者之辭也將出而歌之從來詩之為詩若是首章至三章言戍人思室家之苦心而風厲以義者每章皆有之○以楊柳依依發則二三月也至戍所而采薇北地多寒故也曰歸曰歸歲亦莫止戍人既至戍所采薇遣問日瞻望以思歸歲既莫而不得還也○前三章合將卒士卒言之四章五章專言將卒卒章又合而言之通貴賤而同一歌故所主在將卒靡室靡家玁狁之故終歲在外與室家永離不遑啓居玁狁之故玁狁之故王事也再言以風厲之

采薇采薇薇亦柔止既作者浸而柔美也曰歸曰歸心亦憂止自薇之柔曰歸未歸心憂傷以至歲莫憂心烈烈載飢載渴烈烈如惔也載飢載渴言苦惱如飢渴也匪飢匪渴德音來括亦一例形容我戍未定靡使歸聘定平定也言胡塵未掃聘者遣使候安也家人無恙乎事煩不能馳一个含先公後私之義

采薇采薇薇亦剛止柔者亦剛而不可食何以遺問曰歸曰歸歲亦陽止春日載陽日月陽止皆言春陽也歸期迫而無歸期春色斷人腸王事靡盬不遑啓處稱王事亦風厲也憂心孔疚我行不來以情告室家曰我一去而不得歸來汝莫俟我矣歲雖既陽乎啓處且不遑何以來歸邪日月陽是歸期也故告期逝不至之由焉王事多愆期故詠歌及之()左傳吉賤不得來言適晉也釈訓不俟不來也征夫不

來思婦勿俟之意。○靡室靡家，懷室家也。靡使婦聘問室家也。是句告室家也。並以采薇起。

彼爾維何，維常之華。

興也。爾，說文作薾。常，棣。受上歲陽，詠所見也。連下章並將率奮勵之辭也。句句皆勸以義者。

彼路斯何，君子之車。

以路受爾，故曰斯何，不曰維何。華路，天子所錫，美和常之華，稱君子之車者，榮其寵也。疏云：左傳鄭子蟜、魯叔孫豹，王賜之大路，是歸車得稱路也。

戎車既駕，四牡業業。

即路也。非唯車之美，馬亦壯矣。

豈敢定居，一月三捷。

定居，安處也。三捷，屢勝也。以若是車馬役身王事，何敢安處乎，必當屢勝以報上矣。觀於物而發志，感於賜而思報德，人情也。聖人因情以作人，人作而師有功。

駕彼四牡，四牡騤騤。

騤騤，字書：強不息也。業業言其強壯，騤騤言其作足，翼翼言其服習。○戎車既駕，加馬於車也。駕彼四牡，我乘其馬也。乘業業壯馬，則其驂騤騤疾也。騤騤亦出烝

氏

君子所依小人所腓腓厞通用秋言厞隱也儀禮厞用筵厞用席言覆隱也牛羊腓字之亦庇也鄭公得之二句言軍國安危繫是一車也小人不會戍役四壯翼翼象弭魚服五章皆上四句下四句分之君子所依與君子之車相應而一收之此四壯更端提起故不複口弭弓末受弦處象齒飾之魚旧說魚獸也東海有之左傳魚軒亦是獸皮豈不日戒玁狁孔棘受一月三捷言之捷而能戒易月以日愈切兩章是將率奪情自奮者借彼口而寫己意故皆為自我勸以義者旧說斷斷部不貫通

昔我往矣楊柳依依戍人歸路之感也楊枝揚柳枝垂二木也此言故園楊柳愁殺遠別之人也依依新葉皃今我來思雨雪霏霏北地雨雪又悩殺人也歲亦陽止亦是一時歸日未期則春陽之感深矣既上路則雨雪之苦切矣並以其所傷悲成辭行

道遲遲載渴載飢往來皆苦景行道亦不能驟驟心怨焉如飢渴也唯卒章八句一意貫之其韻可繹〇不遑二句換一字飢渴二句倒上下

我心傷悲莫知我哀春風吹柳人心方舒故國之人亦當想我歸來之喜耳安知北地雨雪行路間關之苦乎〇卒章全序情閔勞者而不復風勵一韻一貫成章之體自不同前章唯是文王視民如傷之意惻然

采薇六章

出車勞還率也師還而犒之故無風勵之意主序情閔勞而已〇上三章下三章是篇法也每章八句一貫是章法也〇遣礼輕於勞礼故同歌賜不同日故異歌

我出我車于彼牧矣首章言將率聞命而治車馬〇我皆將率也南仲元師故優異之是二句與下二句倒置成義閔有命而知出師乃出車就馬狀急行也

自天子所謂

我來矣文王以王命令之故曰天子所王命軍事也故將率知其為征伐也召彼僕夫謂之載矣未聞命而束載狀急行之甚是詩之辭也六月載是常服王事多難維其棘矣玁狁孔棘之棘言難之棘也難棘故急裝亟行是命車人僕夫之言

我出我車于彼郊矣三章言將率受命而出師〇于彼牧就馬也于彼郊率師進發也郊外謂之牧非是詩所交涉設此旐矣建彼旄矣設與建此与彼互文彼旟旐斯胡不旆旆旟旐者前朱雀後玄武也胡不旆旆有盛則盛矣之意以起下句亦曷不肅雝語氣不同憂心悄悄僕夫況瘁命為將率軍容非不盛也賊以凶器赴死地亦室家為經年別是以憂心如削僕夫亦顏色滋憔悴也僕夫再出故曰況〇憂心詩中皆一義此將率自述之辭也序情閔勞故成辭如是非將率實臨軍行而憂傷矣

王命南仲徃城于方三章言諸將從元帥北征遂襄玁狁〇南仲元帥也故異之朔方曰方蓋与交趾曰南交同

出車彭彭旂旐央央彭彭衆盛如行人彭彭央央鮮明皃二句軍進發之形容与六月四章同〇據考工四方之旗龍旂九旒南七西六北四詩於元帥言龍旂与諸侯載旂似

天子命我城彼朔方我將率也輔元帥諸將各以其衆執役也蓋玁狁不深入故城朔方以守衛中國據此出伐外寇也〇我出我車再出是章王命再出以一章受二章巧緻

赫赫南仲玁狁于襄即以彭彭央央之勢攘之也句法錯互而貫通甚巧〇上半有朔方無西戎下半有西戎無朔方而末句各自以玁狁結之

昔我徃矣黍稷方華四章言徃反周年之苦心〇既襄玁狁遂伐西戎而中間叙將率憂勤以閔其勞叙室家有礼以慰其私何限烟波優柔不迫〇李草注黍稷並有以五月收者方

華是出師於郊時所見也今我來思雨雪載塗北地雪消而塗泥夏小正正月
寒日滌凍塗此黍稷雨雪特言其時以著征戍之
久不予采薇楊柳雨雪怨人同○戍役起程遲速
唯時黍稷後於楊柳載塗後於霏霏先
行先歸後往後來固不必合二篇如一王事多難
與上半首
章相對不遑啓居我雙膝不著
地亦既久哉豈不懷歸畏此簡書左傳簡書同惡相恤之謂也戎狄是諸夏所
同惡沿邊諸侯簡書告急則戍役不可不恤
元帥在城簡書必多朱子以爲天子策命義則通
有徵乎否○國語恐爲諸侯載是義亦通
嚶嚶草蟲趯趯阜螽五章言室家之望女○比也伐
西戎以秋故取於秋蟲上有懷
歸因受以室家之情非突出也○蓋
召南爲首倡此因以知其爲大夫妻未見君子憂
心忡忡上半二章
亦有憂心既見君子我心則降采薇言夫
懷妻出車

言妻懷夫、杕杜言夫妻相思、立格之変可玩。**赫赫南仲、薄伐西戎。**亦室家之言也。薄伐與六月同意、但此主君子不淹於外言之。

春日遲遲、卉木萋萋。卒章言愷旋之歡景。〇萋萋新芽良。詩中皆然。美諸將愷入、故累藤句以欣動之。如東山之卒章興采薇送別之結苦樂相友。

倉庚喈喈、采蘩祁祁。釈訓、祁祁遲遲徐也。言春日長而女心舒。

執訊獲醜。蓋執訊生口也。獲醜馘也。王制以訊馘告、頌有馘獻、馘獻因左傳子家使執訊而與之書、言執生口可訊鞫者也。又重獲在木下言見殺也。又射襄卷獲之射穀臣因之因生獲死也。詩執獲對文、宜以死生別之。朱注訊其魁首、當訊問者。案王制左傳之訊、難說魁首。

薄言還歸。薄言詩辭也。然亦著其悠然歸來。

赫赫南仲、玁狁于夷。襄者驅逐之也。夷者寇退無事也。〇下半四章將率之言、五章室家

之言卒章君勞還之言與采薇立格不同而杕杜對言征夫思婦之心三篇各各相變用心也夫

出車六章黍稷方華以四月前後出車雨雪載塗以二月前後互師春日遲遲乃歸

杕杜勞還役也少儀軍尚左卒尚右鄭注左陽右陰將貴不敗績卒未有死志蓋士卒勤苦最多故多愍恤之意○是詩異格前三章四句言征夫三句言思婦卒章全以思婦收結

有杕之杜有睆其實比也杜雖杕然乎其實睆然則殊不寂寞以比人一身室家團圞則多賴焉人皆若是因感已不如杕杜也○杜野梨故取其寂寞睆言紅實累累相照也如華而睆睆彼牽牛睆其目可徵杜實至秋紅熟霜後可食感時物也**王事靡盬繼嗣我日**是以憔悴而曠居於外栽栽不及杕杜睆然也繼嗣与斯逝不至應秋既莫將以春陽還則將率命延我也戍之期也故曰任滿又續**日月陽止**春日載陽**女心傷止**二句

言思婦感春望歸也**征夫遑止**女心傷其心曰征夫今已遑歟未嘗知繼嗣之事也

有杕之杜其葉萋萋杜實後無葉此言明年春新芽始茂也所比如初詩有三杕杜皆比也朱注一興一比一賦漫漶甚矣**王事靡盬我心傷悲**傷悲受繼嗣繼嗣故傷悲也以上征夫歎傷悲字征夫合女心分**卉木萋止女心悲止**二句請人所詠**征夫歸止**女悲而曰我征夫今將歸來

陟彼北山言采其杞北山北地之山也采杞望鄉遣閟也枸檵新葉可食□旧說以是詩為通篇思婦之言誤矣北山首章刺是四句大夫之詩也**王事靡盬憂我父母**繼嗣故憂及父母也北山亦役使不均勞王事不得養父母之詩也意正同□杕杜今女心對則思室家也然兩地相思專以怨女發之而征夫則微言寓之至是章變句法而明稱父母可謂王

言矣

檀車幝幝檀車言堅車亦既敝也不必役車大雅檀車煌煌□以下女之言也至卒章無役征夫憂傷之言

四牡痯痯戍役亦有甲士衆車者以役久故車敝馬罷也

征夫不遠無多日也是章雖与前章変王事靡盬依旧在第三句檀車以下与卒章上四句相聯此下三句用上字却与前二章成對而必以征夫取結四章皆同須繹変化之中亦有條脉

匪載匪來憂心孔疚載受前車馬而義見矣出車曰謂之載矣車馬意已罷敝矣然不裝載不來歸也

期逝不至而多爲恤繼嗣故歸期恤大乱心曲

卜筮偕止偕言既卜之又筮之也喪服小記父母之喪偕

會言近止會會見也言助語也卜人筮人皆曰會見今既近矣

征夫邇止然則我征夫之歸當不日也曰遑曰歸曰不遠曰邇其言有叙□室家望女切切若是而今乎安無事久闊相見其慶歡如何哉是勤歸之意也王

事靡盬，唯杕杜三出，亦所以感喜戍役也。

杕杜四章

魚麗美萬物盛多，能備禮也。所以終鹿鳴之什也。變調似麟趾騶虞之例。且小雅称美唯魚麗一篇也，以假樂嘉成王終大雅，亦宜合觀。以上九篇皆主其用而作之者也。奥麗用於燕礼鄉飲者，猶采蘩采蘋為射節，嘉魚有臺亦同，李末不可錯。

文武以天保以上治內，以孔疏彙纂無是以字，足利古本有。采薇以下治外。天保以上武王成王也，采薇以下文王，合而曰文武，古文多例。周公成文武之德而礼樂作，大小雅乃其物也，繫之文武，猶尚書之例。不知者乃云乐常棣矛盾，小兒說耳。始於憂勤，終於逸樂。憂勤文武也，逸樂成王也。故美萬物盛多，可以告於神明矣。成王之大平，是文武之成功也。故作魚麗以美其盛也。告於神明，告其盛於天地宗社也。

魚麗于罶，鱨鯊。賦也。與彼菑者葭，氣象相似，衆維魚矣，實維豐年，詠一魚，以示萬物盛多。○罶，擄爾推，以薄爲魚笱者，其功易，故曰寡婦之笱。君子有酒旨且多。言天子

魚麗于罶，魴鱧。鱺者來而附離之也。寡婦之笱且獲是多魚，萬物盛哉。君子有酒多且旨。多受前章末字，將以下三章應上三章，故例上句不衍異字，巧哉用文。

魚麗于罶，鰋鯉。陸佃云：鱨沙魚小魚，魴鱧中魚，鰋鯉大魚。鱨鯊之美，不若魴鱧；魴鱧之美，不若鰋鯉，故其序如此。農師多鑿說，是則得之。君子有酒旨且有。有，言酒常有而無無也。伐木曰：無酒酤我。富有之義，多字盡之，不可混也。夫時和歲豐，兆民飽食，而後天子之酒可以旨且有也。故是篇之既詠多魚，又詠旨酒，以著天造人造，飲食歡樂之具，上下皆足。

物其多矣多受首章末字維其嘉矣籩豆庶羞之物既多且嘉有也

物其旨矣旨受二章末字維其偕矣物既旨而每品備也飲酒孔偕義齊一也降福孔皆傳編也左傳引作偕管子偕度量注偕同也案偕是弧之妥也有肉如陵多也三十維物偕也

物其有矣有受三章末句維其時矣物之多而旨酒常有而皆及其時也酌彼康爵以奏爾時夫子不時不食○左傳季武子賦魚麗之卒章疑非賦二句所謂卒章即六句欲存疑

魚麗六章

鹿鳴　四牡　皇皇者華　常棣　伐木　天保　采薇　出車　杕杜　魚麗

南陔孝子相戒以養也儀禮奏陔注陔夏也陔之言戒也案養似因南字

白華孝子之絜白也

華黍時和歲豐宜黍稷也

有其義而亡其辭箋詩六篇之亡在夫子刪定之前觀小雅所以成什明明足徵也箋云而下非孔子之旧大誤以馴致朱子每改○世家三百五篇孔子皆弦歌之是若古遺書則亡時先於夫子亦可徵○儀礼鄭注鹿鳴魚麗諸篇皆據序為注而箋詩則皆曰今亡其義未聞拠鄭志注儀礼之後始見亡詩序然則亡詩序晚出或因六月序僞作亦不可知耳○宋人箋詩有謂無辭之說不取也古今豈有無辭之詩者邪○朱子変置什首諸什混雜大失其倫編輯之意全泯矣且詩之叙與樂所用有不相符合者如采蘩草蟲采蘋是也悪得曰依儀礼正之

毛詩考卷十五

毛詩考卷十六

南有嘉魚之什第二

南有嘉魚樂與賢也

樂與賢者遊息詢謀也不必燕樂一事○魚麗無戒勸之意嘉魚至蓼蕭戒勸溢於章句魚麗屬前什允哉

太平之君子

言成王也既醉太平也鳧鷖繼之曰太平之君子能持盈守成魚麗非太平邪先哲不苟辭也凶王變雅什首必受前什末是例亦不可不知○是什以太平之樂二首為弁

至誠

因嘉魚其瓠雖之懿二字貫詩之髓

樂與賢者共之也

至誠相與百事共之也○魚麗嘉魚有臺鄉人邦國用之興笙詩間三篇相比而三序皆有樂字魚麗以終文武憂勤而結鹿鳴之什故曰終於逸樂嘉魚有臺什首也故全以成王為辭曰與賢者共之曰立太平之基夫創王業者文武也成王業者成王也

南有嘉魚嘉亦嘉薦嘉樹嘉石之嘉，以為魚名，非。烝然罩罩興也。烝然，衆盛貌。罩，編荊竹罩魚者。罩罩，言魚多遊衆水面，如罩中物也。例如旆旆、霙霙、牂牂、肺肺。以魚烝然遊於江湖，興嘉賓集而樂君子之酒焉。君子有酒，嘉賓式燕以樂天子之酒，嘉賓烝然來以燕樂者，至誠相接故也。莊子「於蟻棄意，於羊棄知，於魚得計」，興于魚至誠相忘之妙。

南有嘉魚，烝然汕汕爾雅：罾謂之汕，篧謂之罩。汕亦以薄取魚。此言魚之多如在汕也。形容多字曰罩曰汕，蓋牢籠賢者不漏之意，是戒歡也。君子有酒，嘉賓式燕以衍君子至誠樂與賢，故嘉賓亦如魚之相忘於江湖，視君子之酒猶己酒，式燕以衍也。

南有樛木，甘瓠纍之興也。魚猶有情，猶有衆散。詩人以為未足，故以瓠瓜之纍于樛木形容之，愈親切矣。君子有酒，嘉賓式燕綏之以樂以衍，猶有騅虞之意。

至於綏之則雝雝如有家人父子之歡焉。旱麓以葛藟興求福不回，子綏之興意正同。○樛木，后妃逮下也。逮下故葛藟纍之，福履綏之也。然則成王亦不可不思其所以逮下焉。

翩翩者鵻，烝然來思。

興也。甘瓠得樛木而後纍之，鳥則擇木，況一宿之鳥乎？擇而烝然來集，以是興嘉賓有賢者雲聚，至誠作人之勢。○魚曰嘉，瓠曰甘，所以興嘉賓也。鵻則直提之，而孝慜一宿自見，故不言其德。○南有樛木，猶興前章同句法，至卒章大變句法，却用烝然字，觀盼於初。

君子有酒，嘉賓式燕又思。

君子之酒，嘉賓以為已歸矣。疏云思皆為辭。燕又燕，頻與之燕，言親之甚也。得之室人入又矧敎多又一例。至於綏之，言路既極矣，故以燕又燕斷却之耳。豈非至誠與賢之所致乎？疏曰親之係君子說之，余以係嘉賓為優。君子有酒，與我有旨酒自別。○罩罩與汕汕，以樂與以衎，纍之與綏之，來思與又思，兩兩聯珠。

南有嘉魚四章

南山有臺樂得賢也與南有嘉魚題名亦匹作詩之始本為一對序繫辭如一亦是義也〇樂字不與經吻合前序亦同得賢則能為邦家立太平之基矣王者勞於得賢逸於為邦既得賢則唯樂只而已然為天下得人難於以天下與人〇嘉魚至誠與賢者樂也是篇以賢者立大平之基也大小雅太平四出是二篇及既醉鳧鷖也嘉魚似既醉是篇全與鳧鷖同其反覆淫液之辭雅淡而不厭體雖因事異其意則相類序所示深遠矣

南山有臺北山有萊比也山比天子草比賢才山之為山以有材也而草木成材山氣殖之也以比天子翕賢才而敷施之則賢才浴上德而翼亮之焉〇只首章比于草它皆木樂

只君子邦家之基樂只言恭已正南面而已也臺與萊草也山為之蒼然故受以

基

樂只君子萬壽無期人樂斯壽〇是詩全無燕饗之辭移用之猶四牡皇華明矣文王之三兩君相見以歌盛德亦同昧序者云為燕饗通用而作噫成辭之未備歟

南山有桑北山有楊秦詩亦二木並詠卷阿所謂菶菶萋萋氣象也〇南有嘉魚一方也是篇有南有北受以蓼蕭則序以四海言之

樂只君子是句十出其位三五

邦家之光臺萊草而桑楊木也故受以光基基猶堂基也光則其輪奐也

樂只君子萬壽無疆五章五反詩境甚淡白無為也大平人氣千古在目刮去大平字有何興觀

南山有杞北山有李枸楰及李果也故並之下受以父母也本草枸杞生耳艸者子如櫻桃味如蒲萄可作果食按古微物不遺以為果可知杞李並紅實毛公唯注四牡曰枸楰詩有三杞之說不必釆用樹杞杞棘亦枸杞何必從陸璣

樂只君子民之父母第四

句奇而不偶者只正中一章也耳

南山有栲北山有杻 栲多壽故名一名椿莊子有大椿杻一名萬年木又冬青其葉似椿二木相似而多壽故並下受以眉壽也

樂只君子德音不已 言其德日進

樂只君子遐不眉壽 上萬壽並在末句眉壽直受上比句勢有輕重

樂只君子德音是茂 辟之草木基根先華故先基後先也先不已所謂日新之謂盛德也後是茂所謂富有之謂大業也言日進而所至盛大

南山有枸 枸子著枝端大如指長數寸甘美如飴礼曰婦人之贄椇榛椇乃枸也 北山有楰 爾雅楰鼠梓郭云楸屬陸疏苦楸也案並不似詩所詠又未聞有邦産故所以亦枸取對不可考也椎例心是果爲

樂只君子遐不黃耇 枸昔人曰味如飴曰如牛乳故受以黃耇栁下惠曰飴可以養老口冠礼再加曰眉壽萬年三加曰黃耇無疆亦先眉壽而後黃耇

矣

樂只君子保艾爾後不唯其身黄耇又以保養起亦以施于孫子終之曰末句唯卒章奇而不偶也結法甚精

南山有臺五章

邦家之基
邦家之先
民之父母
遐不眉壽
遐不黄耇

萬壽無期
萬壽無疆
德音不已
德音是茂
保艾爾後

由庚萬物得由其道也左傳夷庚言大道也是三篇在儀禮與魚麗三篇間奏故附南山有臺之後耳南陔三篇附於鹿鳴什末亦同其本叙乃在六月

崇丘萬物得極其高大也

由儀萬物之生各得其宜也

有其義而亡其辭儀禮歌鹿鳴四牡皇皇者華然後樂南陔白華華黍又歌

魚麗笙由庚歌南有嘉魚笙崇丘歌南山有臺
笙由儀郷飲酒燕礼並同歌在堂上笙在堂下
南陔三篇亦堂下之笙也不歌故曰樂曰笙非
為有声無辞也○孔子時皆既在什外

蓼蕭澤及四海也 前二首相匹終之以是篇賢賢
而德及萬國也且是詩以諸侯
有慶者為辞則亦諸侯之賢者也○左傳杜注蓼
蕭言大平澤及遠若露之在蕭詩蟲未蠢存古哉

蓼彼蕭斯零露湑兮 比也蓼得露日長也蕭微草也
以比率土之濱莫不被王沢焉
湛露在豊草白雲
露菅茅其意同

既見君子我心寫兮 諸侯來朝
得見天子
而心如洗也○棠棠者華自是詩點化
者然彼曰我觀之子則天子見諸侯也

燕笑語兮

是以有譽處兮 燕与諸侯燕也雖有饗食小雅主
燕誉處言令聞也處義所烈所之
所同疏誤燕笑語言温慈恵和沢及四海之德度
也諸侯悦曰天子豈弟有是德度宜矣仁声遠施

民謳歌其德而無已乎言遠人協于素聞也○首
章以諸侯來朝燕礼慈惠言之
蓼彼蕭斯零露瀼瀼露蕃貌既見君子爲龍爲光加寵光於
於己也言有加地進律之事裳華所其德不爽壽
謂有慶是也此句断非自上之辞
考不忘受上而言一德不忒故賞罰正而無偏頗
焉雖借諸侯之口出之戒勸存焉壽考不
忘是祝語由此未句皆一例然秦詩似限是句以
爲戒勸之辞則周公奉拳閑口必寓是意也
蓼彼蕭斯零露泥泥露濡也大雅維葉泥泥小既見
雅其葉湑兮草露盈用
君子孔燕豈弟此燕安也雝雝在宮是文王家風
也或云孔燕盛宴也安矣○前章
言諸侯有慶此宜兄宜弟令德壽豈異日周公以
章言諸侯燕見宜民宜人嘉
成王亦戒勸也燕見在宮故言兄弟豈弟而宜於
兄弟何令德加焉乃壽考而樂豈亦其所也

蓼彼蕭斯零露濃濃露厚貌濃與穠猶濃與穠何彼穠矣豊年穠穠**既見君子**卒章與載見辟王曰求厥章相類彼有和鈴鞗革多祜前三章詠天子之德至此詠朝於廟之儀以萬福結之**鞗革沖沖**爾雅轡首謂之革案革言鞗革也轡把外下垂者條皮為之故各鞗條也沖沖蓋金厄聲也豳詩鑿冰沖沖大雅鞗革金厄疏云毛意以金飾革末如厄蟲是蟲如指似蠋鄭意以金為小環處處纏搤之**和鸞雝雝**和在軾鸞在衡也田車鸞鑣毛似失載見曰和鈴央央鞗革有鶬休有烈光是詩亦天子卒諸侯朝於廟諸侯聞其沖沖雝雝之音而感伏悅喜也**萬福攸同**有德如彼有威儀如是以是事宗廟實是萬福會同之聖君也〇左傳晉侯享齊侯賦蓼蕭叔向曰敢拜齊君之安我先君之宗祧蓋以宗祧為言因卒章也

蓼蕭四章

湛露天子燕諸侯也湛露形弓匹也受以菁莪猶前三篇之例是編意也左傳衛甯子來聘公與之宴為賦湛露及形弓二篇相匹可見故序亦匹辞二篇小雅之大者故特稱天子或云鹿鳴燕嘉賓亦同噫不然左傳諸侯朝正於王王宴樂之於是乎賦湛露故穆叔拜鹿鳴而甯武子不拜湛露求古義者宜就古書質之朱子以形弓為什首其妄不足辨二篇不可兩斷

湛湛露斯匪陽不晞興也露被草木非日出照之則不晞以興夜飲非醉足不許歸焉夜飲上恩也故興于天澤左傳天子當陽諸侯用命也日者天子之象也醉者天子之命也

厭厭夜飲不醉無歸燕礼君曰無不醉對曰諾敢不醉無歸天子留歡之辭也

湛湛露斯在彼豐草興也豐草之露湛湛以殖其生以興宗室之宴厭厭以成其歡焉

厭厭夜飲在宗載考宗盖路寢也考成其歡也考槃之考

湛湛露斯在彼杞棘 興也以露之沢微物興令德之被萬民焉湛露本天子之澤諸侯受而施之国故仍以湛露興之天子無恩而諸侯燕喜所求乎上以施乎下則治国者其可失百姓歡心乎而敢侮鰥寡乎

顯允君子莫不令德 顯聽明也允忠信也令德言酔而不乱也古者酒必以德戒既酔賓筵及酒誥可徵是章以露興德則戒勧之使用其德於萬民也

其桐其椅其實離離 興也杞棘木之微者桐椅材之美者豊草杞棘桐椅互桐婉轉成辞可玩桐白桐也實大如巨棗長寸餘椅實紅如南天燭十數顆垂枝梢葉落満樹如火以興君子威儀焉疏云桐椅不言露在承上露在可知非也只是春露所殖至秋乃實卒章取変豊艸与其實非一時景〇離離毛曰垂也韓詩長皃程子云猶纍纍

豈弟君子 異稱成對亦是奇格

莫不令儀 小雅飲酒孔嘉維其令儀書曰用燕喪威儀夫威儀所以臨士大夫也子曰知

及之仁能守之不莊以涖之則民不敬左傳君有
君之威儀其臣畏而愛之則而象之故能有其國
家令聞長世夫桐椅之實人仰而望之所與在是
是亦非唯席上之儀戒勸之使用是儀於士大夫
也是謂之王者之言〇失德大事人情慎焉儀則
易德故先德後儀〇莫不者卒獲之辭也或云與
燕之諸侯無不有是德是儀非也

湛露四章

彤弓天子錫有功諸侯也 左傳諸侯敵王所愾而獻其功王於是乎賜之彤弓一彤矢百玈弓矢千以覺報宴言錫彤弓之時歌是詩以顯明報功之宴礼也

彤弓弨兮受言藏之 弨弛而互也筋内而角外周礼天府王府並有受而藏之文是詩首章尽之後章覆言而已〇呂氏得說載在朱注

我有嘉賓中心貺之 貺之

以忠心也。鐘鼓既設，一朝饗之。饗而既之，故曰一朝，言報功不吝也。

彤弓弨兮，受言載之。清酒既載之載。我有嘉賓，中心喜之。喜，言悅其人。鐘鼓既設，一朝右之。右、侑、宥通。周禮享右祭記。王大食三宥，以樂侑食。案此右亦醻對，宜說饗而侑食也。○左傳王享醴，命晉侯宥，策命為侯伯，賜彤弓。注：宥，助以束帛。案是亦右之也。右而既，弓照之。首章而見焉，後章不言既，是詩之所以為奇格也。

彤弓弨兮，受言櫜之。藏之者，必櫜之、載之也。既之者，喜之好之故也。饗之者，必右之、醻之也。首章提其綱，後章咏歎其目，詩人立格也。或云櫜重於載，載重於藏，好誠於喜，喜誠於既，醻厚於右，右尊於饗。案小辯全不了。我有嘉賓，中心好之。好，言愛其人。鐘鼓既設，一朝醻之。饗而勸酒也。醻而既，弓相照可知。或云右醻並言既，弓報功也。

爾雅醻酢侑報也即左傳報宴之報宋是說亦通余則欲與一朝饗之一例說之一朝字本主既弓之速而曰一朝饗之成辭奇峻乃受之而曰右之醻之則不必直訓二字為既弓之義

彤弓三章

菁菁者莪樂育材也 湛露以懷寧侯彤弓以感不寧侯小雅之重者乃受以育英之樂蓋所以取終也在大雅文王之三受以棫樸其致一也○樂天子樂也應什首二篇皆太平樂也編意可窺樂字今經參差亦猶二篇天下喜樂之又是別也凡三出而所指三異是古文也疏誤

君子能長育人材 長字予莪映帶而下之 **則天下喜樂之矣** 經義燎然也喜樂因我心則喜爾雅喜樂也蓼蕭指前二篇以四海為言是詩亦指前二篇始以天下為言蓋終正雅亦在茲也先哲之辭不可不忌心繹之

菁菁者莪在彼中阿

比也莪菁菁成枝葉得大陵長養而滋茂盛也菁莪比偹育成材中阿比登庸得位○以蓼莪考之莪比美材古必有說○芃芃棫樸薪之槱之亦文王教育人才而官使之

既見君子樂且有儀

樂育英之德度也言樂易而有威儀○舜命夔曰寬而栗教人之道也寬弘即樂易也莊栗即有儀也升進至中阿得以密邇天子風采故曰既見

菁菁者莪在彼中沚

比在下国而休大沢以成其材者焉天子樂教則弦誦四起萬国競学序所謂天下喜樂之者主是章而示義也是詩一与三比中阿中陵取對言既升進者二与四比中沚楊舟取類末句一様言侯国始朝聘者

既見君子我心則喜

未見則未安既見則令德協于素聞故喜也与蓼莪我心爲兮一意此非遠方之人不允當蓼蕭曰四海此曰天下古序至確仰之弥高

菁菁者莪在彼中陵

陵小於阿比始進而有前路者焉〇莪陸疏生澤国漸洳處莖葉香美時珍云生高阜宿根先於百草陸佃云莪蘿蒿也蘿之言高也莪亦峩也案所以比美材未詳匪莪伊蒿取於美菜悪草

既見君子錫我百朋

據疏二貝為朋貝有五種其四種者各二貝為一朋最賤者不為朋出漢志案是蓋古喜人訓誨之言也在陵而未至阿故以策勵為辭思齊卒章文王教而不倦之謂也諸侯取決王室固也臣工首句言諸國大夫受教王室

汎汎楊舟載沈載浮

比美材成器而未上通也舟自中沚來詩之貫也衆萩曰汎汎楊舟紼纚維之樂只君子天子葵之樂只君子福祿膍之優哉游哉亦是戾矣是取於是詩者也諸侯順逆實如汎汎舟菁莪所以受前二篇亦可見

既見君子我心則休

既見則紼纚之葵而福祿之故心降而休息也古之育材者爵祿以勵之菁莪棫樸皆同周礼進賢興功以作

邦国故諸侯之廢大有加地進律所謂福祿也○子曰北辰處而衆星共之諸侯之賢者四集得見天子而後心始休豈非為政以德者乎正雅玉振於斯盛矣哉

菁菁著華四章

六月宣王北伐也宣王使吉甫北伐也造辭蒸高古

鹿鳴廢則和樂缺矣小雅之用不可一廢且魚麗在南陔上而由庚三篇倂錄於後其敘難明故此歷挙之以示小雅之敘也

四牡廢則君臣缺矣不知其功則離也鹿鳴之什皆以缺字成文也詩三首準之以異嘉魚之什

皇皇者華廢則忠信缺矣詩有四周諏諫度詢必以周為本○信古音新唯和樂似不韻

常棣廢則兄弟缺矣諸姫離矣

伐木廢則朋友缺矣弟友相韻

天保廢則福祿缺

矣臣下不感悅而祝上也采薇廢則征伐缺矣遣戍役也故特曰征伐

出車廢則功力缺矣將率有功而不見知則解骨杕杜廢則師

衆缺矣士卒離也衆似非韻疑是衆字魚麗廢則法度缺矣賓祭不備

国無節也君臣上下百事不得從分謂之無節○

魚麗在詩則居鹿鳴什末及用之鄉燕以為間歌

之前朱子云是句本在華黍下鄭氏私移而升之

衆未知何據且是序文明分前後什故是句雖在

下與由庚段落自別南陔廢則孝友缺矣三詩其事似小○儀礼先歌鹿鳴之

三然後樂南陔三篇白華廢則廉耻缺矣華黍廢則蓄積缺

矣蓋言愼蓄積之事歟○以上為前段和樂君臣

忠信三列兄弟與朋友並而受以福祿征伐功

力師衆三列終以法度也孝

友與廉耻並而受以蓄積由庚廢儀礼樂南陔三篇之後歌

魚藻笙由庚歌南有嘉魚笙崇丘歌南山有臺笙由儀蓋此笙詩皆詠和氣感應之事歟間歌皆萬物盛多之詩似兩兩相比

則陰陽失其道理矣

魚藻告於神明則陰陽得道似相比○以下去缺字仍用韻成文酷似夫子易象

南有嘉魚廢則賢者不安

因式燕之燕四章十皆有燕字

下民不得其所矣

君子賢賢是為民人也一句甚古

崇丘廢則萬物不遂矣

上不安下不得則廢頹亦不遂

南山有臺廢則為國之基隊矣

不得賢則何以為国基矣

由儀廢則萬物失其道理矣

蓋如基壞則堂構百材傾杞失宜矣○以上五首似亦歌笙相比之義文亦別格

蓼蕭廢則恩澤乖矣

似上五篇之意以是句收之陰陽失理萬物不遂賢者不用下民失所是恩沢所以不下流也

湛露廢則萬國離矣

鹿鳴所以興王人諸侯遠人和樂也湛露天子所以礼諸侯也故曰萬国離彤弓廢則諸夏衰矣諸夏對四夷之辭左傳諸侯有四夷之功則獻于王中国則否又蠻夷戎狄王命伐之則有獻捷兄弟甥舅告事而已不獻其功又范宣子曰我文公獻功于衡雍受彤弓據是則寧武子所謂諸侯獻功王賜彤弓者主四夷之功言之此曰武威衰蠻夷猾夏如合符契青青者莪廢則無礼儀矣萬国与諸夏並而受以無礼儀終焉夫礼儀所以育人材也礼文威儀亡則中国亦為戎夷小雅盡廢則四夷交侵中國微矣北伐南征於是作矣是序所以亦小雅正変之辨也大雅則美刺判然矣宣王四詩雖曰変雅亦復古美事故繫之正雅之末合而成什也朱子分湛露彤弓以彤弓為什首正雅二首変雅八首以鶴鳴為什末全不見編集之有條理耳夫聖人刪刪傳傳以定篇什毛詩得其真後人何議

六月棲棲戎車既飭 首章言軍興之急也○司馬法冬夏不興師今盛夏出兵為玁狁也棲棲今栖栖同蒼黄之意既飭言速整備之也釈文辨飭飾二字案亦有通作

四牡騤騤載是常服 常服者戎車所常載之械器戈殳矛戦弓矢之類左傳所謂戎路之服者召彼僕夫謂之載矣豈止韋弁服之謂乎

玁狁孔熾我是用急 我吉甫自称也下皆同此戒六軍之人也王事多難維其棘矣一意

王于出征以匡王國 王使我出征以匡王國也匡言救乱也周公東征四國是皇齊詩作匡○小祝職小軍旅掌事焉旧説王不自行遣卿大夫征伐棄召公之於淮夷遂疆理南海大膺王命雖非親征大軍旅也六月采芑祝江漢其事小小二雅之別乃然

比物四驪閑之維則 二章言軍行之舒也○物馬齊其力也首章言六軍之車馬比

言吉甫之戎車也蓋天子所賜以美宣王武備有素以應卒焉

維此六月既成我服

覆言首章也均服振振軍裝速整非新製而成之

我服既成于三十里

服成即發一舍三十里

王于出征以佐天子

三使我出征以佐天子也大雅幹不庭方以佐戎辟受王命征北狄所以佐天子也亦戒令軍旅之言

四牡脩廣

大雅四牡奕奕孔脩且張周頌於薦廣牡莊子其廣數千里未有知其脩者其名為鯤

其大有顒

三章言軍容之嚴也冂亦吉甫所駕上言毛物之整服習之閑此特言其壯大以起下句將曰一躍可以蹩仆小醜

薄伐玁狁以奏膚公

自此六句皆王命也一氣直讀玁狁非我敵故曰薄伐奏膚公猶曰獻大功

有嚴有翼共武之服

嚴嚴然翼翼然也有顒一側大雅有嚴天子

共武之服以定王國

所謂

外攘夷狄復文武之竟土也大雅四方既平王國
庶定言日望大平也○王賜顯顯駿馬而命之曰
以是薄伐大獻嚴嚴翼翼申明天威以供給武事
不失武震以平寧王国矣此吉甫稱王命以督厲
將士之語也王于出征前章成對故是章変以取
結然末句三章骈立○上下三章合段宜玩

玁狁匪茹整居焦穫四章言趨敵之疾也○匪茹言
出我不意也吉甫舒而進行卒
然閒是實狀也焦穫十藪之
一拠爾雅則謂之二地非也**侵鎬及方至于涇陽**
其大衆萃於焦穫而侵掠者深入及涇陽也**織文**
此吉甫在途所閲馹報而詩之轉眼絶妙處

鳥章白旆央央織與幟同旗幟之文以鳥為章此
言前朱雀而速進師也白旆亦揚
以示衆二句師儀進發之形容也戦則旆之左傳
平丘之會可徵旆蓋繫竿首余於左傳考詳之

元戎十乘以先啓行元大也首也戎戎車也行行
首行前之行訓道亦通○鳥

章元戎並以前列言之著進發之勢也語氣威厲萬馬辟易而曰文武吉甫曰張仲孝友吉甫可謂仁者必有勇矣

戎車既安如輊如軒五章言王師克而民安堵也○此將校之車馬也蓋吉甫遂自涇陽至於方遂進次于鎬乃使將校追奔至于大原○考工記輈和則安

四牡既佶既佶且閑佶蓋劼通爾雅劼固也字出酒誥鄭云佶壯健之良可從養之有素故佶教之有素故閑

薄伐玁狁至于大原逐出之而已不黷我武也於是北方受乱之地盡平

文武吉甫萬邦為憲武以駆逐強伏乃弛文德以安乱後之民果能定王国者也北方諸侯莫不敢法○始提吉甫詩之功也彼泥辭說詩者無是句則為天子親征之詩矣

吉甫燕喜既多受祉六章言班師而復文事也○燕喜宴而喜樂也即下飲御一事

受祉言承天子賞命也是詩以吉用燕喜終之小雅風格允爲神妙**來歸自鎬我行永久**二句吉甫之辭也曰我遠歸自鎬道路幸無恙以行役多日故久不與諸友歡於是飲而御諸友也口此曰自鎬則吉甫不至大原相照見義**飲御諸友**御進也以御賓客同言燕飲而進諸友酒也蓋吉甫凱旋大雋寵賞其優筵乎故以受祉發起之**包鼈膾鯉**優游間暇渾忘却武事者此詩人摸寫**侯誰在矣張仲孝友**張仲蓋上賓也称孝友者失其文德洽此四國之意宜王好武遂以武敗卒章不復言武事燕喜而乎孝友樂遠似南有嘉魚樂與賢夫欲復盛周之美者宜以鹿鳴至菁莪爲監戰伐豈足賴乎故江漢常武之卒章皆有是風規須相照以窺當時賢者之忠意

六月六章

采芑宣王南征也獵狁入寇北邊騷乱不得不急其禦也蠻荊背叛王命耳故六
月采芑氣象不同詩格亦六月繫之王命而吉甫
後出采芑則全繫之方叔上三章下一章分段

薄言采芑于彼新田于此菑畝上三章皆言方叔之簡習士衆也○方叔
將肄師故士之先至者采芑以待猶泮水采
芹待魯侯焉新田菑畝是著治兵之地也**方叔**

涖止猶泮水魯侯戾止**其車三千**如騋牝三千極言其衆耳**師干之試**
師衆于扞習師先為不可勝故曰師干試乃練習
之也方叔老謀能練其節制一鼓而定荊州故是
詩亦象其成三章咏艱殆似武樂之遲久是詩人
命意也○闔盧謂孫武曰子之十三篇吾盡觀之
可以小試勒兵乎試字汎似取對

方叔率止率師而講之也聯二章言其為主將之威容以

乘其四騏四騏翼翼猶吉甫四驪閑而則也天子所賜翼翼乃閑也**路**

車有奭簟茀魚服鉤膺鞗革路車或云金路或云戎路並通奭赤皃鉤膺蓋與鏤膺同馬胸帶有金飾者称鉤難聽然說為鉤與膺太不了傳云鉤膺樊纓也是難曉疏亦以巾車所謂鉤者說之朱注鉤膺馬婁頷有鉤而在膺有樊有纓也並是近強

薄言采芑于彼新田于此中鄉中鄉蓋鄉中也言鄉閭之中方叔涖止其車三千旂旐央央高宗伐鬼方三年克之荊蠻之不易服可知般武之奮伐罙入蓋文王再駕絶息之勢也方叔則於其始伐主朝算以大衆練習崩敗自於未戰之前以文王再駕之威伐之肆之萬萬餘之此其所以服大敵於一戰也朱子云南征想不甚費力故只盛称其軍容而已方叔率止約軝錯衡八鸞瑲寔大失詩人摸寫

瑲三句出商頌軝者轂之外長而旁出者也轂者凡在輪中者通名以皮約軝而朱漆之曰約軝

旧説鸞在鑣四馬則八鸞又云鸞在衡和在軾輶車鸞鑣異乘車也未聞定論

服其命服

朱芾斯皇有瑲葱珩

珩佩上横玉也○鈞是言車服之盛前章翼翼閑也有䩶美也此章瑲瑲車之徐有瑲步之徐以形容之辞分前後之意前特美其車馬此因美其嚴重

鴥彼飛隼其飛戾天亦集爰止

興也既鼓翅以高颺又下集而止言其奮疾甚也以興方叔之大衆進退自在焉○亦集爰止出卷阿来集而止息也山海經爰有百獸相群爰處字例同旧説大誣

方叔涖止其車三千師干之試

上三句以異辞取興故下三句却興首章不壹一字以著是章亦簡習之事也首章千與田叶此千與天叶

方叔率止鉦人伐鼓陳師鞫旅

鉦者總鐲與鐃言之蓋伐鼓方盛故鉦人亦助之也周礼鼓人掌四金則鐲鐃亦鼓人所掌雖在軍異職今方盛伐鼓進軍故使相代傳

力也。既曰車三千，則其進退何翅鼙鼓不勝已乎。互言之說不穩。既大進軍陳而鞠之，三令五申之事也。

顯允方叔，伐鼓淵淵，振旅闐闐。

據爾雅，是二句言戰罷旋師。三禮也，可見上二句是為治兵。蓋方叔屢肄習士衆，或教治兵，或教振旅，故是章併而言之。()其語三軍皆譁鉦以振旅，此言振其威武也。是詩亦不拘反師而通己。但爾雅傳古義，從之為優。

蠢爾蠻荊，大邦為讎。

言一戰而蛮荊平也。()蠢爾猶蠢然，小蟲蠕動皃，訓女非也。大邦，言王國也。此蓋自寇人不恭敢距大邦來。

方叔元老，克壯其猶。

自為天子之大老，而其軍謀乃有壯者英氣也。壯一字，方叔之奮武不減高宗處。

方叔率止，執訊獲醜。

自此五句言接戰也。方叔率之，而飛隼之士皆奮。

戎車嘽嘽，

三千之車競進。盛皃。大雅：王旅嘽嘽，如飛如翰。

嘽嘽焞焞，如霆如雷。

焞焞，車馬奮發之声。

也釈文焞本又作啍案大車啍啍亦声也焞音屯與狁叶漢書作推盖與毛詩別果然次二句皆無韻

顯允方叔征伐玁狁蠻荊來威

初聞其威名今見其奮伐一戦而仆旗帰命也來而畏服照霜霆字左傳畏之如雷霆○楚世家熊霜元年周宣王初立六年卒季徇立據鄭語季徇明君也受是討者必熊霜也竹書宣公五年夏六月尹吉甫師師伐玁狁秋八月方叔帥師伐荊蛮参之鄭語史記則北伐南征在宣王初年足以徵焉

釆芑四章

車攻宣王復古也

車攻吉日匹也夫小雅尽廢則四夷交侵中国微矣宣王六月釆芑以攘四夷車攻吉日以興中國是猶小雅廢而又興故以是四篇緝於正雅之後以成南有嘉魚之什非夫子編定其如此乎曰笙詩亡而毛公改篇第妄甚而

宣王能内修政

事外攘夷狄復文武之竟土三句六月采芑是也吉日亦用能字宜王大雅亦同獨知立言有恒脩車馬詩中多出備器械旂旄旃旌決拾弓矢復會諸侯於東都周公營洛邑為東都以朝諸侯因田獵而選車徒焉是詩主意在此一句若主東都之會同則當以大雅美之二雅之別序所明示也周礼大田之礼簡衆也即天子以諸侯田之礼也〇前三章一段次三章一段後二章一段是篇法也

我車既攻我馬既同首章言其將會諸侯於東都也〇攻堅同齊一也此言六軍之車馬詩主田獵故以車馬發端四牡龐龐駕言徂東龐龐充實也此天子之馬也先為會同駕而徂然下直以田車受之詩非詠會同故也〇左傳成王合諸侯城成周以為東都

田車既好四牡孔阜二章言既會而以諸侯狩也〇此章馬亦言六軍也二句亦出

吉日
東有甫草駕言行狩
周語藪有圃艸注圃大也
茂大之艸棠茁葭茁蓬一
意虞箴云獸有茂草是百獸所群故於是狩也蓋
所謂敖即甫草之地欤鄭箋誤矣竹書九年王會
諸侯于東都遂狩于甫是謬説耳駕言行狩受首
章主天子也然是特言其為狩故發行
之子于苗選徒嚻嚻
三章言選車徒而將會于敖也
○之子蓋言大司馬也不敢指
王大田之礼大司馬宜主其事以戒治之苗夏獵
也與甫草應行狩之狩凡言也嚻嚻言車徒殷盛
也旧説唯選
車有声非也
建旐設旄搏獸于敖
敖地名或云山
名天子大田大
司馬選車徒設旗幟以為搏獸之備也搏獸于敖
猶吉日徒其羣醜句上並添將字看
駕彼四牡四牡奕奕
四章言諸侯從狩之盛也
奕奕大也諸侯亦選其馬
○赤芾金舄會同有繹
宣王以會同之諸侯田獵故曰
會同者絡繹竟野也非至此而

來會朝也

決拾既佽弓矢既調五章言敎之狩畧械備而獲多也○決韘也象骨為之著於右手大指拾以皮為之著於左臂佽次同手指相比也

射夫既同助我舉柴射夫主諸侯言之然曰助我則王人射亦見此造語之功也同聚也柴說文引作此積禽也

四黃既駕兩驂不猗六章重言射御貫習獲多非詭遇也○此又言車馬者五六是方狩馳逐時之事故畧械車馬取對也是章主王人言之○四牡龐龐肥也四牡孔阜壯也四牡奕奕大也我馬既同備也四黃既駕齊豪也兩驂不猗開也蕭蕭馬鳴言其不驕終之

不失其馳舍矢如破御者範其馳驅而射者之發無虛鏃得王者蒐田之體也

蕭蕭馬鳴悠悠旆旌七章言其終事嚴而頒會均也○蓋日既斜薰風拂塵滿目蕭

然之狀天子旌高九仞諸侯七仞武車綏旌注旌首曰旌

徒御不驚

釈訓徒御不驚輦者也此徒御言徒行而輓輦者与大雅徒御無射異故特挙一句而釈之舊説誤解蓋此徒御是以輦輸其獲者与大庖映帶其穩不驚無譁無爭也

大庖不盈

疏云上殺貫心死疾肉最美以為乾豆次殺遠心死稍遲以為賓客下殺中腸死最遲以充君之庖三殺各取十凡三十也其餘以与卿大夫士案禽雖多擇取三十而已故曰不盈ヿ鄭意似說每三殺取三十然朱注亦從疏

之子于征有聞無聲

卒章言獵畢而帰大衆嚴肅遂美其復古也ヿ征行也易文多例其帰路所經田雖聞之不知其何時過去也田獵有鼓皆驖車徒皆躁其声蓋殷然卒章之無声言威命行師律明班馬肅然與選徒囂囂固不相悖

允矣君子展也大成

允云展云歎賞之辭也展矣君子實勞我心一例大成言中興之業成所謂復古也

車攻八章

吉日美宣王田也比車攻其事小故特曰美不唯總車攻己六日来芑亦包馬鹿鳴之什唯魚麗有美字前哲脩辭嚴哉

能愼微接下因既伯既禱言之前三篇其事大今將田則馬祭禱其不自傷傷人是愼微也

無不自盡以奉其上焉曰天子之所曰以燕天子自尽奉上之辭也田獵多刺詩但羣下競呂樂天子所以為宣王田也且是田以御賓客為主諸侯會同天子田以飾其俎實其得萬國之歡心可知是田亦必有諸侯之從

吉日維戊既伯既禱首章言將田而禱且差車馬也〇是詩一意貫通之篇法戊剛日也於外事為吉爾雅既伯既禱馬祭也禱馬不傷又不傷人也伯房星也周禮春祭馬祖是也

田車既好四牡孔阜車攻言日似出一手**升彼大阜從其群**

醜羣下皆曰伯禱既畢車亦善馬亦壯我其將為天子升大阜逐羣衆也

吉日庚午既差我馬戊辰禱間一日乃田亦愼微也爾雅既差我馬田獵齊足注追飛逐走取其疾而已

獸之所同麀鹿麌麌麀說文从牝省麌蔵麀牡偁牝牡麌麌衆多也大稚麀鹿噳噳古田獵主鹿故釋獸麋鹿麕皆有迹名易郎鹿无麌

漆沮之從

天子之所驅馬逐禽自漆沮致之王所也從其群醜亦興是從同為天子逐禽奉之唯以樂天子為悅首章至三章皆自盡奉上之意去是意精神不貫○二章言田而驅禽於王所也

瞻彼中原其祁孔有三章言聚禽於原以樂天子也○或大阜或漆沮從而至於祁祁然雲集甚多天子於是射獵也祁祁如雲興雲祁祁旧說徐遲此言其衆盛也

儦儦俟

俟或羣或友儦儦衆盛猶行人儦儦俟俟猶鹿斯之奔維是伎伎故傳云趨則儦儦行

則侯侯寔明解也歟三曰羣周語二曰友

悉率左右以燕天子

燕安也言歡樂之中原之麀祁祁大有或趨或行或羣或友於是至自大阜者至自漆沮者各率其僚友奉歡天子

既張我弓既挾我矢

卒章言天子親射以供賓享也○群下從歟以燕天子於是天子執弓矢而發之上下承應

發彼小豝殪此大兕

互文也疏誤晉語先君唐叔射兕於徒林殪以為大甲

以御賓客且以酌醴

賓客諸侯也不言羣臣而羣臣亦有○卒章天子之事此二句天子心中之恩意然亦羣下感戴之辭也故主賓客居然有南有嘉魚之趣編集之協也

吉日四章

毛詩考卷十六